Yılmaz Güney
(1937-1984)

Adana, Yenice doğumlu Yılmaz Güney (Pütün), gençlik yıllarından itibaren sinemayla yakından ilgilenmiş, erken yaşta kısa hikâyeler yazmaya, senaristliğe ve oyunculuğa başlamıştır.

1955 yılında yazmış olduğu bir öykü nedeniyle 1961 yılında 18 ay hapis ve altı ay sürgün cezasına çarptırılan Güney, 60'lı yıllarda kendisini tamamen sinemaya adamış, oyuncu kimliğiyle ünlenmiş, ancak bu süre içerisinde siyasi bilincini geliştirerek, sanatına da siyasi bir yön vermeyi hedeflemiştir. Nitekim 70'li yıllar, roman, senaryo ve yönetmenlik alanlarında Yılmaz Güney'in en verimli dönemi olacak, yapıtları yurt içinde ve yurt dışında büyük yankılar uyandıracak, ödüller kazanacaktır.

Siyasi görüşleri ve eylemleri gerekçe gösterilerek 72-74 arasında cezaya çarptırılan Güney, 1974'te Selimiye Cezaevi sonrası *Arkadaş* filmini yaparak, kesin bir şekilde tavrını ortaya koymuştur. Eylül 1974'te tekrar cezaevine dönen Güney, 1980 darbesi sonrası, yazılarından ötürü çeşitli davalara maruz kalarak, 100 yıla yakın hüküm yemiştir. Son olarak 1981'de hapisten kaçarak yurt dışına çıkmış, 1984'te Paris'te hayatını kaybetmiştir.

Güney, özellikle Yeşilçam sinemasının tanışık olmadığı bir gerçekçiliği beyazperdeye taşıyarak Türkiye sinemasında kalıcı bir iz bırakmıştır. *Boynu Bükük Öldüler* isimli romanı 1972 yılında ilk Orhan Kemal Roman Ödülü'nü, senaryosunu yazdığı ve Şerif Gören'in –Yılmaz Güney'in hapishaneden direktifleriyle– yönetmenliğini üstlendiği *Yol* filmi 1982'de Cannes Film Festivali'nde Altın Palmiye'yi kazanmış; 1970 tarihli *Umut*, SİYAD tarafından yüzyılın en iyi Türk filmi seçilmiştir.

Arkadaş
Yılmaz Güney

İthaki Yayınları: 1261

Yayın Koordinatörü: *Tuğçe Nida Sevin*
Yayına Hazırlayan: *Selçuk Aylar*
Son Okuma: *Özgür Çakır*
Kapak Tasarımı: *Hamdi Akçay*
Grafik Uygulama: *B. Elif Balkın*
1. Baskı, Eylül 2017, İstanbul
ISBN: 978-605-375-716-0

Sertifika No: 11407

İthaki™ Penguen Kitap-Kaset Bas. Yay. Paz. Tic. Ltd. Şti.'nin yan kuruluşudur.
Caferağa Mah. Neşe Sok. 1907 Apt. No: 31 Moda, Kadıköy - İstanbul
Tel: (0216) 348 36 97 Faks: (0216) 449 98 34
editor@ithaki.com.tr – www.ithaki.com.tr – www.ilknokta.com

Kapak, İç Baskı: Deniz Ofset Matbaacılık
Gümüşsuyu Cad. Topkapı Center, Odin İş Merkezi No: 403/2 Topkapı - İstanbul
Tel: (0212) 613 30 06 - Faks: (0212) 613 51 97
Sertifika No: 29652

Yılmaz Güney

ARKADAŞ

SENARYO

ithaki

Arkadaş Hakkında

Filmler yaparken birtakım toplumsal sorumluluklar taşırız. Yani sözümüzü söylerken bu söylediklerimiz şu gün halkımızın içinde bulunduğu koşullara ters düşer mi, onlara yanlış birtakım düşünceler verir mi, onları yanlış davranışlara itebilir mi, biz işte yalnızca bundan korkarız. Bizim gerçek yargıcımız halktır.

Ama halk derken de, halkın şu anda içinde bulunduğu kanaatler tam anlamıyla söz konusu edilemez. Halkın bugün içinde bulunduğu kanaatler bir yerde gerek geçmişte, gerekse bugün egemen güçlerin ideolojilerinin baskısını taşır. Biz bunları birbirlerinden soyutlayamayız. Soyut olarak halkın kanaatlerinden söz edersek birtakım yanlışlıkları da beraberinde taşımız oluruz. Biz halk derken, halkın gerçek çıkarları için, yarına yönelik mücadelesi içerisinde bir halk anlıyoruz. Minibüs plağı ya da herhangi bir yerde halk romanı diye satılan birtakım şeyler bence halk kavramını yozlaştırmaktadır.

Halk kavramından bugünün koşullarında anladığım şudur: Antiemperyalist, antitekel gruplar, yani tekelin ve emperyalizmin dışındaki yenik sınıf ve tabakalar. Halk kavramı değişken bir kavramdır, yarın koşullar değişir, halk kavramı da bu arada kendiliğinden değişir. Halk kavramının özünde üretici nitelik hakimdir, emek hakimdir.

Benim salıverilmiş olmam, özgür olmam değil, esas sorun. Özgürlüğü ele alınca bütün toplum adına ele almak gerekir. Özgürlük özünde sınıfsal özellik taşıyan bir olgudur. Sınıflara göre özgürlük anlayışı değişir. Biz özgürlük anlayışımızı üretici, emekçi halkımızın çıkarları doğrultusunda anlıyoruz. Yoksa sermayenin özgürlüğü anlamında değil.

İki yıllık çalkantılı dönem, gerek bana gerekse toplumumuza, halkımıza çeşitli deneyler kazandırmıştır. Biz de bu deneylerden kendimize düşen sorumluluklar oranında birtakım dersler çıkarttık. Öyle sanıyorum ki bundan sonra yapacağımız filmler daha önceki yaptığımız filmlere oranla daha görev yüklü olacaktır halkımıza karşı. Bu görev, halkımızın gerçek çıkarları doğrultusunda ve onun yarınına ışık tutacak birtakım şeyleri yapmaktır.

Toplum devamlı bir değişim içerisindedir. Bu değişim kaçınılmaz olarak sanata da yansır. Biz de halkının sorumluluklarını taşıyan bir sanatçı olarak bu değişimin gerçek niteliğini sinemamız kanalıyla anlatmak zorundayız. Bir ülkede birtakım antidemokratik kanunlar varsa, bunlar sinema alanında da etkisini gösterir. Bunun sinema alanına yansıması sansürdür. Sansürün şartlaması sonucu, ister istemez, yaptığımız filmlerde belli çarpıklıklar bulunmaktadır. Bundan önce yaptığımız filmlere tam anlamında gerçekçi, devrimci, halkçı filmler diyemiyoruz. Bundan sonra yapacaklarımıza da halkçı, devrimci filmler olacaktır diyemiyorum; çünkü benim bundan sonra yapacağım filmler ancak bu söylediklerimin doğruluğunu ya da yanlışlığını ortaya koyacaktır.

İçeride olduğum sürede gerek hikâye, gerek roman, gerekse senaryo olarak düşündüğüm çeşitli şeyler var. Bunları gerçekleştirme, tamamlama işinde, içinde bulunduğumuz koşullara ters düşmemeyi ön plana alıyorum. Çünkü halkımız büyük bir değişim içerisindedir. Çeşitli çalkantıları hâlâ yaşamaktadır. Bu arada yapacağımız bir filmin ya da söyleyeceğimiz bir sözün halk üzerinde yanlış bir etki yapmaması, yanlış bir anlam kazanmaması için, içinde bulunduğumuz koşulları iyi değerlendirmeye çalışacağız.

İnsan her an bir nicelik birikimi içerisindedir. Bu nicelik birikimleri belli bir noktadan sonra nitelik dönüşümlerini getiriyor. Bugün bizim dışımızda her an, her saniye binlerce olay olmaktadır, bu olaylar kaçınılmaz bir şekilde bizi etkilemektedir ve bu her olay kendi büyüklüğü, küçüklüğü oranında bir etki getiriyor. İşte bu etkilerin kaçınılmaz sonucu olarak insanda olay-insan diyalektik hareketi doğuyor.

Gerçek değişken bir şeydir. Sanatta biz bunu yansıtmak zorundayız. Gerçekçilik toplumun değişen yeni çehresi, yeni gelişim eğilimlerini aktarması açısından önem kazanıyor bence. Ben kendi sinemama yabancıların dışarıda takmaya çalıştıkları gibi 'yeni gerçekçilik', şu bu cinsinden bir isim vermiyorum. Bizim görevimiz filmler yapmaktır. Bunların çeşitli şekillerde değerlendirilmeleri, halkın, eleştirmenlerin, tarihçilerin görevidir.

Yılmaz Güney

FİLMİN ÖYKÜSÜ

Kıyıkent... Deniz ve güneş kenti. Yolları asfalt. Evlerinin her biri, bir başka ülkede yapılıp buraya konmuş gibi. Bunlar geniş balkonlu, geniş salonlu evler. Hizmetçili, bahçıvanlı evler. 'Yok'un yok olduğu evler. Zaten bu kıyı kentinde, yokluğun anlamı bile bilinmiyor. Kentin giriş kapısından içeri girmesi, kent sakinlerince yasaklanmış gibi.

Besili, güzel elbiseli çocuklar, binbir çeşit oyuncakları, şen, tasasız çığlıklarıyla, kentin yollarını, plajını doldurmuşlar. Daha büyüklerinin baş uğraşı bisikletleri. Bir de durmadan bir şeyler yiyor bu çocuklar. Durmadan bir şeyler içiyorlar. Ana-babaları kumar oynarken, denize girerken, köpeklerini severken bu çocuklar durmadan bir şeyler yiyorlar.

Cemil, Kadırga Yurdu'nun, Teknik Üniversite'nin yoksul öğrencisi. Suyun altın gibi kıymetli olduğu bir Orta Anadolu köyünde dünyaya gelen Cemil, şimdi, bu deniz ve güneş kentinin iki katlı evlerinin birinin balkonunda oturmuş, denize karşı birasını içiyor.

Kendinden, hayatından hoşnut. Zengin bir adam o. İşte, hizmetçisi Şirin, içkisini yeniledi. Genç, güzel, herkesin hayran olduğu karısı kapıda göründü. Çocuğu yok Cemil'in. Karısı istemedi. Olsun. Karısı güzel onun. Evi güzel, işi güzel.

Kendinden ve hayatından hoşnutluğu çok sürmedi Cemil'in. Karısı sinirli, canı bir şeye sıkılıyor olmalı. Yine her zamanki gibi tartışmaya, kavgaya başladılar. Hizmetçisi Şirin de ayakaltında dolaşıyor. Cemil kızgınlığını ondan aldı. Bir tekme indirdi kadına.

Melike. Cemil'in baldızı! On sekizinde, incecik, fidan gibi bir kız. İstemeden karı-kocanın kavgasını duydu. Canı sıkkın, uzaklaştı balkondan. Aynada yüzünü gördü. Bir an baktı kendisine.

Telefon sesi. Melike açtı telefonu. Tanımadığı bir ses eniştesini soruyordu. Kim olduğunu sordu telefondaki adama. Telefondaki adam, "Âzem," diye tanıttı kendini. "Â'nın üstünde şapkası var."

Cemil, ilk gençlik yıllarının can arkadaşı Âzem'le buluşmaya giderken heyecanlıydı. Uzundur birbirlerini görmemişlerdi. Okulu bitirdikten sonra yolları ayrılmıştı. Anadolu'ya gitmişti Âzem. Seçimini öyle yapmıştı. Yıllık iznini geçirmek için gelmişti İstanbul'a. İlk işi arkadaşı Cemil'i aramak olmuştu.

Âzem, Çiçek Pasajı'nın rengini, kokusunu, sesini yeniden tatmak, duymak istiyordu. Ama meyhaneci Remzi'nin de dediği gibi, değişmişti Çiçek Pasajı.

Cemil'i beklerken, Remzi sormuştu ona:

"Her şey tadını yitirdi Âzem'ciğim... Artık İstanbul eski İstanbul değil. Her şey bozuldu. Kokoreçler, biralar, karidesler, her şey bozuldu. Sen bilirsin bu işleri Âzem'ciğim. Söylesene niye bozuldu her şey?"

Âzem bir an durmuş, bu yeni İstanbul'u anlamaya çalışmıştı.

Biraz sonra iki arkadaş masada karşılıklı oturuyorlardı. İkisi de sevinçli, ikisi de geçmişte pek çok şeyi birlikte paylaşmış insanların sevecenliği içindeydiler. Âzem'in gözü Cemil'in kilolarına takılmıştı. Kadırga Yurdu'nun fidan gibi delikanlısı, o görmeyeli epey kilo almıştı. Dayanamayıp takıldı:

"Yükün artmış Cemil, epey kilo almışsın. Remzi, dal gibi delikanlıydı diyor senin için."

"Şimdi de dal gibiyim. Ama kalın bir dal," diye cevap verdi Cemil. Bir tedirginlik gelmişti üstüne. Eskiden de böyle olurdu. Ne zaman Âzem'le birlikte olsa bir suçluluk duygusu kaplardı içini. Nedenini çözemezdi. Zaten bütün çözümleri Âzem'e bırakırdı. O, ikisinin yerine karar verir, uygularlardı. Ama o günler geride kalmıştı. Cemil, tek başına yürümüştü uzun zamandır. Başarılı olmuştu da. Bunları düşünerek kadehini kaldırdı:

"Eski günler için Âzem."

"Hayır, yarınlar için... Yarının güzel günleri için."

"Yarın."

"Evet, yarın."

Cemil arkadaşının yarından umutlu yüzüne içi burkularak baktı. Değişmemişti Âzem. Yine hep o Âzem'di. Yarınları seven Âzem. Kendi kendine konuşur gibi mırıldandı:

"Ne güzel şey insanın yarını olması. Benim için yarın hep karanlıktır Âzem. Ama senin için yarın, bugünlerden güzel demektir. Evet, senin yarının için..."

Gece, bir Sulukule ekibinin özel gösterisiyle devam etti. Ekibin, en çok on dördünde gösteren oyuncu kızı, neredeyse çırılçıplak, iki erkeğin karşısında oynadı oyununu. Cemil iyice sarhoş olmuştu. Coştukça coştu. Kızla karşılıklı oynadı. Âzem, çevresinde olanlardan rahatsız olmuştu. Bu iş bir an önce bitsin istiyordu. Bu çıplaklık, bu gencecik bedenin böyle hayâsızca sergilenmesi onu üzüyor, güzel yarınlara inancını pekiştiriyordu. Ama Cemil'in böyle bir tedirginliği yoktu. Mutluydu. İki arkadaş daha sonra lüks bir randevuevine gittiler. Cemil, taşradan gelen misafirine, gücünü, parasını, itibarını göstermek istiyordu. Görsündü Âzem İstanbul'un ne olduğunu, Cemil'in nasıl yaşadığını.

Cemil yaşadığı hayatı göstererek sanki Âzem'i ezmek istiyordu.

Âzem randevuevinde acıyla dolu bir kadınla karşılaştı. Doğuramadığı, yetiştiremediği çocukların acısını çeken bir kadınla. Perişan olmuştu. Kadının acısı, sosyal konumu, duyarlığı sarsmıştı onu. Kadın ona,

"Yatmayacak mısın benimle?" diye sorduğunda,

"Hayır," diye cevap verdi.

Kadın anlamamıştı, üsteledi.

"Para verdin ama."

"Önemli değil."

"Niye? Niye? Niye?"

Randevuevinin merdivenlerinden inerken Cemil hoşnuttu hayatından. Keyifli bir gece olmuştu. Yattığı kadın işini bilen biriydi. Cemil'e göre bu dünyada herkes işini bilmeliydi.

Arabayla eve dönerlerken Âzem biraz da kendilerini suçlar gibi,

"Cemil, ne yaptık bütün gece?" diye sordu. Yalın, tek kelimelik bir cevaptı Cemil'inki.

"Eğlendik."

Oysa Âzem eğlenmemişti. Belleğinde geceden kalan yalnızca acı ve kindi. Daha sonra Cemil, başarılarından, parasından, şöhretinden söz etmiş,

"Ya sen ne yaptın şapkalı Âzem?" diye sormuştu.

Saldırgan, kırıcı bir ton vardı sesinde. Âzem bu eski arkadaşına sevgiyle bakmış, onu ilk gördüğü andan beri sormayı tasarladığı bir şeyi sormuştu,

"Mutlu musun? Memnun musun hayatından?"

"Memnunum tabii. Güzel bir işim, çok sevdiğim bir karım var. Hiçbir sıkıntım da yok."

"Hatırlar mısın, eskiden çok yalan söylerdin. Kendini aldatmakta da birinciydin. Yine yalan söylüyorsun Cemil..."

Gene yenilmişti Cemil. Âzem'e yalan söyleyemezdi o. Kadırga Yurdu'nda da yalan söyleyemezdi. Şimdi de. Müteahhit Cemil de Âzem'e yalan söyleyemezdi. Yenilmiş bir sesle,

"Haklısın, yine yalan söyledim sana," dedi. "Mutlu değilim, hiç değilim."

Eve vardıklarında Cemil'in karısı uyuyordu. Cemil, uykusuzluktan, fazla içkiden ve Âzem'in kendisine hatırlattığı gerçeklerin baskısından bunalmış bir halde, uyuyan karısına yaklaştı. Ona sığınmak, pembe düşlerine yeniden dalmak istedi. Ama kadın oralı değildi. Cemil yatağa büzülüp uyudu.

Melike için eve gelen bu yabancı oldukça ilgi çekicidir. Ciddi görünüşü, bıyıkları, sakin tavırları, çevresinde her gün gördüğü insanlardan ayırmaktadır onu.

Hemen sormak ister,

"Evet, siz şapkalı arkadaşsınız. Peki şapkanız nerede?"

"Âzem'in başında, yani 'Â' nın başında."

Sıcak güler Melike. Âzem de güler. Uzun uzun bakar ona. Onu daha yakından tanımak ister gibidir.

"Sahi kimsiniz siz?"

"Söyledim ya; arkadaş."

Âzem 'arkadaş'ın üzerine basmıştır söylerken.

"Kimin arkadaşı?"

"Bazı insanların."

"Ya benim?.."

"Sizin de..."

"Öyleyse... öyleyse adınız bundan sonra 'arkadaş' olarak kalsın. Artık şapkalı arkadaşsınız benim için..."

Melike ev sahipliği görevini yüklenir. Âzem'e Kıyıkent'i gezdirmeye başlar. Bu arada kendi iç bunalımlarını anlatır Âzem'e. İsviçre'de eğitim gördüğünü, tenis oynadığını söyler. Bir de müzik dinlemeyi sevdiğini.

Çevresindeki hiçbir şey ona yakın gelmemektedir. Kıyıkent'teki mevsimlik aşklardan söz eder Âzem'e. Herkesin birbirini çekiştirdiğini söyler. Âzem sorar ona:

"Sen ne yapıyorsun bunların arasında?"

"Güneşleniyorum, denize giriyorum, kitap okuyorum."

"Neler okuyorsun? Hangi kitapları seviyorsun?"

"En çok korku kitaplarını seviyorum. Korku filmlerini de seviyorum tabii."

"Bu filmleri seyrederken korkmuyor musun peki?"

"Hayır. Ben hiç korkmam."

Güneşe serilmiş vücutlar, buzlu viskiler, kahkahalar, deniz...

Bir Kıyıkent gününde yürürler Âzem'le Melike. Her adım başında başka bir açıklama, her adım başında başka biri.

Bir ara Melikeler'in komşusu Ahu'ya rastlarlar. Şık ve büyüleyici Ahu'ya. Ahu'nun yanında plaj çantasını taşıyan Halil vardır. Halil, gencecik bir delikanlıdır. Ezilerek taşımaktadır Ahu'nun yanında plaj çantasını. Uzun saçlarıyla bakışları arasındaki farklılık çarpıcıdır. Sanki içinde biriken bir şeyleri bastırmak için güç harcamaktadır.

Ahu'yla Melike selamlaşırlar. Âzem, Ahu'nun ardından bakar. Ahu da araştırıcı bir bakışla Melike'yle Âzem'i süzer. Kıyıkent'te bir yabancı. Ahu etkin güzelliğinin bilincindedir. Kıyıkent'teki pek çok kadın gibi yalnız güzelliğini sever. Belki yabancıyı da bununla etkilemek istemektedir.

"Yine lastik patlatmışlar."

Evin kapısında Melike ile Âzem'e rastlayan Cemil'in karısı Necibe'nin ilk sözü bu olur. Sonra Âzem'e bakar. Kimdir bu adam? Melike onları tanıştırır.

"Âzem, Cemil Abi'nin arkadaşı."

Necibe soğuk bir şekilde, "Hoş geldiniz," der Âzem'e.

Dün gece eve gelmeyen sarhoş kocasının arkadaşı umrunda bile değildir. Şimdi denize gidip güneşlenmeli.

Âzem daha sonra haber bırakarak Kıyıkent'ten ayrılır ve öğrenciyken Cemil'le birlikte kaldıkları Tabiat Ana'nın evine gider. Âzem'in gelişini kutlamak için bahçede kömür yakılmış, darbuka çıkmıştır orta yere. Tabiat Ana, oğlu gibi sevdiği Âzem için oyun bile oynar. Şişlerin biri gider biri gelir. Rakının en güzeli içilir.

Sohbetin, oyunun en koyu anında, Cemil'in arabası görülür. İçinde Melike de vardır. Tabiat Ana onları sevinçle karşılar. Âzem, çekingen, ürkek duran Melike'yi, Tabiat Ana'nın kızı Semra ile tanıştırır.

Aynı saatlerde Necibe terzisinde prova olmaktadır. Bir ara telefona gider. Sesinde, davranışlarında yatak öncesi titreyişleri vardır. Telefonda karşısına çıkan, daha önce tanıdığı bir erkeğe adresini sorar.

Sonra süslenmek, güzelleşmek için başka ellere terk eder kendini. Güzel olmalıdır Necibe. Adresini veren adama gittiğinde göz kamaştırmalıdır, tek bir kusuru kalmamalıdır. Bacaklarındaki tüyler alınmalı, saçlar yapılmalı. En baş döndürücü kokuları sürünmelidir.

Diğer tarafta Cemil, öğrencilik yıllarında kaldığı evin odalarını gezer. Semra da yanındadır. Bir ara gözü odanın bir köşesinde duran kitaplara takılır. Alır karıştırır. Bunlar, sosyalist öğretinin temel kitaplarıdır. Şaşırır. Tabiat Ana'nın evinde bu kitapların ne işi vardır? Semra'ya dönüp, hayretini gizleyemeden sorar:

"Kimin bu kitaplar?"

Semra, çok doğal bir şeyden söz eder gibi, "Benim," der.

"Çok tehlikeli değil mi bunlar?"

Semra küçümseyerek bakar Cemil'e.

"Evet, sizin için tehlikeli olabilir."

"Niye bizim için?"

"Çünkü sen on yıl öncesinin Cemil Abi'si değilsin. Sen artık Cemil Bey'sin..."

Cemil tokat yemiş gibi sarsılır. Cevap veremez. Susar. Âzem geldiğinden beri, kendi içinde kurduğunu sandığı mutluluk çemberi her an yeni darbeler yemektedir.

Necibe, aynı saatlerde, terzisindeyken telefonla konuştuğu adamın garsoniyerindedir. Durmadan gülmektedir. Nedensiz bir gülmelidir bu. Genç adam da katılmıştır ona. İçerek, gülerek, duygudan yoksun bir sevişmeye hazırlanmaktadırlar. Saf ve güzel olan hiçbir şey yoktur aralarında. Adam, bu kadınla biraz sonra yatacağını bilmektedir. Onun için gelmiştir buraya. Necibe ise güzelliğine tapınmaktadır. Cemil'in artık aldırış etmediği ama bol bol övdüğü güzelliğine.

Yatakta çıplak, hırpalanmış bir Necibe vardır az sonra. Saçları dağılmış, yüzü yaşlanmış gibi. Gözleri bomboş bakmaktadır çevresine. Adam onu çoktan unutmuştur. Giyinmeye başlamıştır bile. Necibe'nin değeri nedir onun için? Yaşadığı aşk dakikaları için para bile ödemediği bir kadın...

O gece Cemil, Âzem'i eve getirir. Necibe, Âzem'in kendilerinde kalacağını öğrenince sinirlenir. Kocasına çıkışır. Düşüncesiz hareket ettiğini, evde genç bir kız olduğunu söyler. Cemil, Âzem'i savunur. Bu biraz da geçmişini savunmaktır. Necibe'ye, Âzem'in çevredeki erkeklerden çok farklı olduğunu söyler. Necibe, dudaklarında alaylı bir gülümseme,

"Demek bildiğimiz erkeklerden değilmiş ha!" diye söylenir.

Cemil, elinde tabanca, Âzem'in yanına gelir. Bir an bakışları karşılaşır, sonra silaha doğru eğilirler. Cemil, silahı Âzem'e doğru uzatırken sorar:

"Sen silahtan anlarsın, nasıl beğendin mi?"
"Güzel silah, yalnız ne zaman, ne için kullanmak gerektiğini iyi bilmeli. Niye silah taşıyorsun?"
"Taşımıyorum. Bulunduruyorum. Belki bir gün gerekli olur diye."
"Kime karşı?"
Cemil, silahı kendine doğru çekip garip bir sesle mırıldanır.
"Bilinmez ki, belki kendime karşı."
Çarpık bir gülümseme dudaklarında, Âzem'in yanından uzaklaşır.
Kıyıkent'teki yaz hayatının içine birden bir yabancı karışmıştır. 'Â'nın üstünde şapkası olan bir yabancı. Melike'nin arkadaşıdır bu yabancı. Çevresine bakmaktadır hep. Denize, insanlara, arabalara, gökyüzüne, her şeye, her şeye bakmakta. Seyretmektedir sanki Kıyıkent'i. Varlıklı yaz kentini. Ömründe ilk kez gördüğü bir hayatın arkasını görmeye çalışmaktadır.
Melike için bir dost, Ahu için bir gece geçirilmesi ilginç olabilecek biridir Âzem. Necibe için tedirginlik, sıkıntı kaynağı, Cemil için ise eski bir dost.
Bu arada Âzem, Tabiat Ana'nın kızı Semra ile de buluşur sık sık. Kısa ama Âzem'i etkileyen, sarsan buluşmalardır bunlar.
Semra, Âzem'i eleştirmektedir. Onun, Cemil'i değiştirmek için harcadığı çabayı gereksiz bulmaktadır. Semra için Cemil, sınıf değiştirmiş, yozlaşmanın, çürümenin doruğuna varmış biridir. Koşulları gereği, değişmesine olanak yoktur. Âzem'in, "Arkadaşım o adam. Onu o bataklığın içinde bırakmak içimden gelmiyor," sözlerine karşılık, tavrını hiç acımasız koymuştur:
"Biraz gerçekçi ol. Eski alışkanlıklarından kurtul. Sınıf açısından bak olaylara."

"O da özünde bir köylü değil mi?"

"Şimdi değil. Biz kimlerle uğraşmamız gerektiğini iyi saptamazsak yanılgı ve yenilgi bizim için kaçınılmaz olur. Biz, her adamı doğru yola getiremeyiz arkadaş. Elimizde değil bu."

Semra haklıydı hiç kuşkusuz. Kitaplardaki bir haklılıktı bu. Ama bir de akıp giden hayat vardı. Âzem, Cemil'i bilirdi. Bir anlık bir şaşkınlıktı bu. Kurtulacaktı Cemil Kıyıkent büyüsünden. Gerçek, güzel şeylere koşacaktı. Birlikte, eski günlerde olduğu gibi, güzel yarınlar düşleyeceklerdi. Olacak mıydı bu? Semra sesleniyordu ona: "Sınıf açısından bak olaylara."

Birden sordu Semra'ya:

"Melike için ne düşünüyorsun?"

"Güzel bir kız, ama o kadar. Dünyadan habersiz bir bülbül kuşu. Başka türlü olamaz zaten. Olabilir mi?"

Küçük Melike, şaşkın, iç dünyası karmakarışık. Yanı başından akıp giden gürültülü, gösterişli yaşamdan sıkılıyor. On sekizinde henüz. Daha otuz yıl, belki daha fazla yaşayacak. Ama nasıl? Ablası gibi mi? Yok. Melike, onun gibi yaşayamayacağını hissediyor. Ama nasıl yaşayacak? Bir cevap verebilse bu soruya.

Âzem ondan umutlu. Bir akşam cebinde bir kitapla çıkageliyor. Bir şiir kitabı bu. Buram buram sevda, yiğitlik, kavga dolu bir şiir kitabı. Uzun, uykusuz gecelerinde, diskoteklerden, mevsimlik aşklardan uzak, Melike ona armağan edilen kitabı okuyor.

Gecenin ilerlemiş bir saatinde, balkonda oturuyordu Âzem. Birden ürkek adımlar atarak, park edilmiş arabalara doğru yaklaşan Halil'i gördü. Âzem, garip bir önseziyle ayağa kalktı. Büyük bir dikkatle Halil'i izlemeye başladı. Halil gözleri karanlıkta daha da koyulaşmış, bir arabanın önünde durdu. Eğildi usulca. Kimse yoktu görünürlerde. Özgür, bir başınaydı. Elini arka cebine götürüp uzun bir bıçak çıkardı. Bıçak karanlıkta bir an ışıdı. Sonra, yüreğinin olanca öfkesiyle Halil, bıçağı arabanın lastiğine sapladı. Ağarmış saçlarıyla hizmetçilik eden anasının, yarım kalan eğitiminin, hasta ciğerlerinin, Ahu'nun emreden sesiyle her seferinde ayaklar altına alındığını hissettiği onurunun, yalnızlığının sorumlusuymuşçasına, lastik söndü. Yüreğindeki kin, birazcık yatışır gibi oldu. Doğruldu. Bıçağı cebine yerleştirirken birinin kendisine baktığını hissetti. Başını kaldırdı. Aynı anda Âzem'le göz göze geldiler. Halil olduğu yerde dondu. Âzem usulca arkasını döndü. Yürüdü.

Ertesi gün, gün boyu Âzem, Halil'i izledi. Onunla konuşmak istiyordu. Ama Halil, Âzem'e korkuyla bakıyordu. O güzel eve misafir gelen adam, iyi niyetli olamazdı ona göre. Şimdiye kadar kimseye bir şey söylememişse, bir düşüncesi, bir art niyeti olmalıydı. Halil şaşkındı. Adam bir söylerse işinden olurdu, bütün düzeni bozulurdu. Zavallı anası horlanırdı. Kararını verdi. Kaçmalıydı. Mutfağa girdi. Birden masanın üstünde duran bıçak gözünü aldı. Sanki beni yanına al, ben seni korurum, diyor gibiydi. Uzanıp bıçağı aldı. Rahatlamıştı. Dönüp pencereden baktığında kendisini izleyen Âzem'in yerinde olmadığını gördü.

Akşamüstüne doğru, Âzem onu Yupi'den tavuk almış eve doğru giderken yakaladı. Bir an hiç konuşmadan birbirlerine baktılar. Halil hayret içindeydi. Bu adamın bakışlarında kötülük yoktu. Başka bir şey vardı. Sezemediği bir şey. Daha önce ona hiç böyle bakmamışlardı. Hep horlanmış, aşağılanmıştı.

Âzem'in dostluk çağrısına uyup yanına gitti. Âzem, ilk anda sordu:

"Ne anlıyorsun cam kırmaktan, lastik patlatmaktan?"

"Senden başka bilen var mı?"
"Yok..."
"Ben ortaokulu bitirdim. Dört yıldır çalışıyorum. Geçen yıl hastalandım, ciğerlerimden; ağır iş yapamıyorum artık."
Biraz ileride, çiçekler içinde bir bahçede genç bir adama hizmet eden yaşlı bir kadını göstererek, anlatmaya devam etti Halil:
"Anam da orda çalışıyor. Bak... İşte o anam benim. O yaşlı kadın." Sesi sevecenlik doluydu. Onun için saygıdeğer her şeyi anası benliğinde topluyordu. Ak saçları, bükük beli, kırış kırış yüzüyle, efendilerine daha iyi hizmet etmek için çırpınan anası.
"O çocuk, evin küçük oğlu, Fransa'da okuyor. Selimpaşa var az ötede. Orada oturuyoruz. Evimiz var."
"Bak arkadaş."
"Arkadaş mı?"
"Evet, arkadaş..."
"İyi ama beyefendi..."
"Beyefendi değil, arkadaş..."
Âzem'in arkadaş çağrısı, dost gözleri, alçakgönüllü davranışı Halil'e güven vermişti.
Âzem'in ikinci kez, "Niye camları kırıyorsun Halil?" sorusuna, biraz düşünüp,
"Bilmiyorum... Kin var içimde," diye cevap verdi.
"Cam kırınca geçiyor mu?"
"Bir hafta, on gün rahat ediyorum. Sonra yeniden doluyor içim, duramıyorum."
"Cam kırmakla, lastik patlatmakla hiçbir şey değişmez Halil. Bak, sen genç bir adamsın. Önünde koca bir hayat var. İstersen hayatının akışını değiştirebilirsin..."
"Nasıl?"
"Niye saç uzatıyorsun Halil?"

Arkadaş... Kıyıkent'te dolaşan bu yabancı, bazı insanların arkadaşıdır artık. Halil'in, yaz geceleri saz çalıp gurbet türküleri söyleyen inşaat işçilerinin, bahçıvanların, bekçilerin, yoksul çocukların arkadaşı.

Melike, arkadaşların çoğalmasını şaşkınlıkla izlemektedir. Kıyıkent onun için yalnızca Âzem olmuştur artık. Ahu'yla Âzem'in ilişkisini de şaşkınlık, biraz da iç burukluğuyla gözler. Bir gün sofradan alıp götürmüştür Ahu, Âzem'i. Sanki herkesin önünde, "Ben güzel Ahu'yum. İstediğimi elde ederim," demek istemiştir.

Ahu'yla birlikte olmak. Biraz içki, güzel, rahat bir kadın. Ahu'yla birliktelikten Âzem için geriye kalan neydi? Ahu'nun yatak odası plastik bebeklerle doluydu. Her biri bir pozda, ama cansız, işlevsiz bir yığın bebek. Ancak konukları büfe üstlerini süsleyen, ruhsuz plastik yığınları. Yaşadıkları hayat gibi bir şey. Kıyıkent sofralarının, plajının güzel Ahu'su, gene kendine en çok benzeyen şeyleri sıralamıştı yatak odasına.

Bir süre sonra Âzem'in Kıyıkent'in işçileriyle arkadaşlığı artmıştır. Hep onlarla konuşmaktadır. Ama bu arkadaşlıktan tedirgin olanlar da vardır.

"Ne demek sınıf, emeğin kurtuluşu ne demek?"

Denize dalgın bakan Âzem, Melike'nin bu sorusu karşısında şaşırır.

"Nereden duydun?"

"Sen konuşuyorsun o adamlarla. Buradakiler pek hoşnut değil senden. Bu adam ne konuşur hizmetçilerle, işçilerle diyorlar."

Âzem gülümser. Bu konuda Melike'nin düşüncesini öğrenmek istemektedir.

"Sen ne diyorsun?"

"Ben mi, eee, ben merak ediyorum sadece."

"Neyi?"

"Neler konuştuğunu?"

"Dinlemişsin ya..."

"Üç beş kelime duydum o kadar."

"Kaç yaşındasın Melike?"

"On yedi."

"Bugüne kadar hiç para kazandın mı? Yani bir iş yapıp karşılığında para aldın mı?"

Bu soruya hayırdan başka cevap veremez Melike. İsviçre'de eğitim gören, canı sıkılan, çevresiyle bağ kuramayan Melike'nin yalnızca bir sıkıntısı olmamıştı: O da para.

Cemil'e, Âzem'den ötürü, çevrenin, karısının yaptığı baskılar gün gün artmaktadır. Necibe'ye göre Cemil'in ev sahipliği bitmelidir. Gitmelidir artık bu adam. Herkes onun hakkında çok kötü konuşmaktadır. Başları belaya girebilir. Dostlarını, böylesi bir hayatı o adam yüzünden tehlikeye atmak olmaz. Üstelik Melike'nin durumunu da iyice tehlikeli görmektedir. Yeni ilişkilere giriştiği böyle bir dönemde Melike'yle uğraşamaz. O gün kumar masasında gördüğü, gülümsediği adam olmalıdır yaşadığı tek şey, yeni bir serüvenin başlangıç tadını benliğinde hissetmelidir Melike, başka şeyler, Âzem, serüvenlerini bozmamalıdır.

Kıyıkent'te sofralar zengindir. Güneşin yaktığı, denizin, pahalı içkilerin serinlettiği bedenler, şehvetle karışık bir iştahla otururlar sofralara. Kumar ve cinsel oyunların yıprattığı bedenlerin bol kaloriye, proteine ihtiyacı vardır. Kıyıkent'te yaşayanlar bunu bilir. Dinsel bir törene hazırlanır gibi hazırlanırlar yemeğe. Balıkların çeşidi öyle boldur ki, seçim için biraz güçlük çekerler. Et, en güzel onların sofralarında pişer. Turfanda meyve, çerezdir onların sofralarında.

Büyük kahkahalar atarak, çatal ve bıçaklarla saldırırlar

yemeklere. Yedikleri, fabrikalarında çalışan emekçilerin nafakasıdır. Yedikleri, köprüaltlarında yatan çocukların namusudur. Yedikleri, iyi ve güzel şeylere inananların beyinleridir. Şehvetli bir iştah ile tüketirler aydınlık ve umutlu her şeyi.

O akşam Cemil'in sofrası oldukça kalabalıktı. Tanıdıklar, eş dost, Necibe, Melike, Ahu, Âzem, diğerleri. Cemil, içkili, kahkahalar arasında geçmişten söz ediyordu. Geçmişindeki tüm güzel şeyleri bir yana koymuş, unutmuştu sanki. Bir tek şeydi hatırladığı: Kadınsızlığı. Sofradakiler bir yandan yiyor, bir yandan Cemil'in kadınsızlığını dinliyorlardı. Cemil'in karayollarında çalışırken çektiği kadınsızlığı.

Ansızın Necibe'nin bir sorusu sofradakilerin tüm dikkatini Âzem'in üstüne çekti.

"Siz, Âzem Bey, seks problemlerinizi nasıl hallediyorsunuz?"

Yüzlerde bir gülümseme dolaştı. Âzem'le Ahu bir an bakıştılar. Âzem'in böyle şeylerin uluorta konuşulmasını sevmediğini bilen Cemil,

"Bizim karı biraz fazla açık fikirlidir, kusura bakma," diyerek araya girdi. Sonra sofradaki konu değişti. Kimi Türkiye'nin dünyanın en zengin ülkelerinden biri olduğunu savundu. Bir tek yoksul köylü kalmamıştı. Ne şalvar, ne çarık giyen vardı artık.

Kimi işçilerden söz etti. Şu işçiler de doymak nedir bilmiyorlardı. Her gün zam zam diye direniyorlardı. İşleri güçleri ortalığı bulandırmaktı. Bazı kişiler de onları özellikle kışkırtıyorlardı. Bunlar da malum kişilerdi.

Bu konuda Âzem ne düşünüyordu? Onu da öğrenmek istediler. Cemil, dostlarına Âzem'le tartışmaya girmemelerini söyledi. "Neden?" diye sordu biri. Masanın bir köşesinde oturan Melike atıldı hemen:

"Neden olacak, Â'nın şapkası var. Senin şapkan var mı?"

Tam o sırada yeni dostlar yaklaştı masaya. Bunlar bir karıkocaydı. Adam masadakilerin hepsini öpüp,

"Muhteşem karın çok güzel öpüyor Cemil'ciğim. İnan ki harika..." diye Cemil'e takıldı.

Cemil yüksek sesle gülüp,

"Bak bak, propagandaya bak," dedi. "Karısı güzel olanlar karımı öpebilirler, ödeşmesi kolay olur çünkü. Baldızı güzel olanlar da baldızımı öpebilir. Karısı güzel olanlara karımı öptürüyorum. Ben de onların karılarını öpüyorum. Nasıl iyi mi?"

Masayı kahkahaya boğan bu sözler, Âzem'in Cemil için düşündüklerini bir anda altüst etmişti. Cemil'le açık konuşmalı, ona böylesine düşüncelerin ne denli yoğun bir yozlaşmanın ürünü olduğunu anlatmalıydı. Kadırga Yurdu'ndaki Cemil'den geri kalan neydi? Onu sormalı, bulmalıydı.

Ertesi gün, Cemil'in yaptırdığı inşaatlardan birini kontrol ederlerken Âzem konuya girdi. Yüzü gergin, rahat görünmeye çalışmasına rağmen sinirliydi. Uzun uzun içinde bulunduğu yozlaşmayı anlattı Cemil'e.

"Ne demek karısı güzel olan karımı öpebilir, baldızı güzel olan baldızımı öpebilir. Yakışır mı sana hiç?" diye sordu. Cemil'in cevabını beklemeden sürdürdü konuşmasını.

"Bir adam geliyor, karını öpüyor, sen de katıla katıla gülüyorsun. Bu ne biçim bir iştir, benim aklım ermiyor. Nerden geliyorsun sen Cemil? Eskiden beş yüz metreden yanındaki kadına baksalar sen bozulurdun, hatırlıyor musun?"

Cemil, Kadırga Yurdu'nun Cemil'i değildi artık. Âzem bunu anlamıştı. Semra'ya hak vermelidir belki de. O artık Cemil Beyefendi'dir. Yine de yüreğinin bir köşesinde bir umut vardır. Cemil'in cevabını bekler. "Sen haklısın Âzem, doğrusun," demesini bekler. Ama Cemil'in cevabı umduğu gibi olmaz:

"Arkadaşımdır Erdoğan, şakacıdır. Kötü niyeti yoktur."

"Arkadaşımdır Erdoğan." Cemil'in ağzından çıkan bu söz Âzem'i bir daha şaşırtır.

Erdoğan, Cemil'in arkadaşıysa, Cemil, Âzem'in neyidir?

Bir süre sonra Cemil'in karısı 'Arkadaş Erdoğan'ın evine gider. Koşarak geçer bahçeyi. Perde aralanır. 'Arkadaş Erdoğan Bey' Necibe'yi görür. Güler. Kapıyı açar. Necibe dalar içeri.

Şakayla başlayan bir aşk oyununu izleyen biri vardır: Halil. Âzem'e her şeyi anlatır. Ne biçim arkadaşlıktır bu?

Kıyıkent'teki hayat böylece sürüp gider. Deniz gene güzeldir. Güneş gene boldur. Sürekli bir şeyler yenmekte ve denize girilmektedir.

Bir gün Cemil kıyıda birasını yudumlarken garip bir olay olur. Karısı yanı başındadır. Âzem arkada oturmaktadır. Sinirli, tedirgindir. Necibe'nin garip gülümsemesi rahatsız eder onu. Kadın durmadan arkaya bakıp gülümser. Erdoğan Bey'le oynadığı oyunu Âzem'le de oynamak istemektedir hiç kuşkusuz. Cemil, olanların farkında değil. Birasını, mutlu, yudumluyor.

Ama Âzem, Erdoğan Bey değildir. Dayanamaz buna. Fırlar yerinden, Cemil'in yanına varıp tutar kolundan. Kaldırır ayağa. Hoyratça iter Cemil'i.

"Gel benimle!"

Necibe böyle bir şey ummuyordu Âzem'den.

"Ne oluyor, ne var?" diye şaşkınlıkla sorar. Suratına inen Âzem'in tokadı, şaşkınlığını daha da arttırır.

Cemil'le Âzem arabaya binip evden uzaklaşırlar.

"Yalan söylüyorsun, yalan söylüyorsun, yalan..."

"Yalan söylemiyorum. Evet, sen bir pezevenksin Cemil!"

Cemil üstüne yürür Âzem'in. Kazandığı, ona göre değerli, güzel her şeyi yıktığı için yürür Âzem'in üstüne. Vurur, tekmeler. Cemil bu taşralı mühendisin kendisini eleştirmeye hakkı olmadığını düşünür. Onun gibi yığınla adam Cemil'in hayatını yaşamak için can atmaktadır. Ama Âzem saldırmaktadır. Neye dayanarak? Geçmişe mi? O günler geride kalmıştır.

Cemil arabaya dayanıp ağlar. Az önce tekmelediği Âzem yerde yatmaktadır. Ama yenilen kimdir? Onurunu yeniden diriltmek ister gibi vurmuştur ona. Yiten şeyleri yakalamak ister gibi. Âzem gene de güçlüdür. Konuşmaya devam eder:

"Bak Cemil, beni dinle. Böyle vurmakla, bağırmakla ne yaptığını sanıyorsun? Ne değişir? Tut ki beni dövdün, öldürdün. Bu, karının seni aldattığı gerçeğini yok mu edecek?"

Kendini savunur Cemil.

"Nerden çıkartıyorsun bunları, bir kadının açık fikirli olması, çevresiyle samimi ilişkiler kurması, kocasını aldatması mı demektir?"

"Karın açık fikirli değil, açıktır açık! Yani herkese açık? Sizin evliliğiniz çürümüş Cemil, bitmiş... Sen karın için, karın da senin için eskimiş birer malsınız, anlıyor musun Cemil, malsınız, mal! Biz nerden geldik Cemil? Hangi sıkıntıların, hangi acıların süzgecinden geçtik. Bir düşün... Bunun için mi? Karın seni aldatsın diye mi çektin bunca acıları, sıkıntıları. Karın kangren olmuş bir kol. Bu kolu kesmezsen öleceksin. Seni köyüne götüreceğim şimdi. Unuttuğun köyüne. Belki eski Cemil'i hatırlar, aradaki pisliği görür, kendine gelirsin."

Çorak, ağaçsız yollarda son hızla ilerleyen araba, sonunda Âzem'le Cemil'i, Cemil'in doğup büyüdüğü köye getirir. Köyün çocukları arabanın peşine takılırlar. Yıldırım gibi giden araba onlarda hayranlık uyandırmaktadır.

Cemil'in kardeşi Muhittin, konuklarını coşkuyla karşılar. Beş yıldır köye uğramayan ağabeyi gelmiştir sonunda. Adağı vardır Muhittin'in, ne zaman ki ağabeyi köye gelecektir, o da koyun kesecektir. Acımadan keser koyunu. Köyün bütün çocukları koyun kesilirken seyre gelirler. Bıçağın koyunun boğazına ağır ağır sürtünmesine, birden fışkıran kana bakarlar. Köye gelen misafir önemlidir. Kurban onun hakkıdır.

Daha sonra Muhittin, Cemil'e anaları hastayken neden gelmediğini sorar. Kadıncağız çok istemiştir Cemil'i. Ama gelmemiştir Cemil. Gözleri açık gitmiştir kadın.

Muhittin'in suçlar gibi konuşması karşısında ezilir Cemil, işlerini öne sürmek ister. Ama buradakilerin de işi vardır. Biraz sonra anasının mezarı başında Cemil, Âzem'le Muhittin arasında suçunu kabul etmiş gibi ezik, yıkılmış, öylece durur.

Muhittin, Âzem'in de yardımıyla tarlasına su getirmiş, ekmiş, biçmiş, işlerini yoluna koymuştur. Yaptığı, başardığı işleri ağabeyine anlatırken çok sevinçlidir. Övünmektedir kendi kendisiyle. Evine elektrik bile çekmiştir. Bu kurak toprağa yeşillik getirmiştir.

Gece elektrik ışığının altıda Âzem, Cemil ve Muhittin yemek yerken, Muhittin'in çocukları onlara uzaktan bakarlar. Âzem, çocukları çağırmak istese de Muhittin engel olur. Çocuklar sofrayı seyrede seyrede uykuya dalarlar.

Âzem ve Cemil yan yana yataklarda yatarlar. İkisini de uyku tutmamıştır. Cemil kendiyle bir hesaplaşma sürecine girmiştir. Gözleri tavanda, Âzem'in kendini dinlediğini bilerek konuşur:

"Muhittin'in yerinde olmayı ne çok isterdim, Âzem. Nasıl seviniyor, nasıl yapışmış hayata... Bir avuç yeşillik, bir avuç su, küçük bir tarla mutlu ediyor onu. Oysa benim için hayatın tadı yok artık. Sen de öyle... Bir düşüncen, inandığın bir davan var. Benim inandığım hiçbir şey kalmamış. Ben bitmişim."

"İnsan tükenmez Cemil. Yetinen insan tükenir yalnız. Sen öyle yaptın. Kazandıklarınla yetindin."

"Yetinmedim... Yoruldum."

"Amacın zengin olmaktı. Oldun ve senin için her şey bitti. O noktadan itibaren çürüme başladı sende."

"Çürüme, evet çürüme... Çürüdüm ben, ama kurtulacağım."

"Ya kurtulacaksın ya da öleceksin Cemil. Şu halinle de yaşayan bir ölüsün zaten."

Bu ara Kıyıkent'teki hayat devam etmektedir. Cemil'in karısı Erdoğan'la kumar oynamakta, Melike düşünceli dolaşmaktadır. Necibe'nin kafasında kim bilir nasıl bir yeni serüven vardır. Muhittin'in karısı, beş çocuklu Sıdıka ne düşünürdü acaba Necibe'yi görseydi! Kuşkusuz saygı gösterirdi, kusur etmezdi hizmette, ama içinden küçümserdi. "Kısır karı," der geçerdi. Muhittin de gizli gizli onu suçlamıyor muydu? Anası hastayken gelmediği için, köyünü unuttuğu için, "İşlerim vardı," demişti. Aslında bırakamadığı, kumar, içki masası değil miydi?

Âzem, köy çobanlarını, çocukları, kadınları kendine dost saymaktadır. Onlar da Âzem'i severler. Cemil'in yabancısı olduğu bir ortamdır bu. Köy yerinde fotoğraf çeken turistlere rastlarlar. Cemil onlara kızar. Neden doğal güzelliklerin, tarihi yerlerin fotoğrafını çekmediklerini sorar.

"Ne yapıyorlar bunlar?"

Âzem, sakin, düşünceli cevaplar:

"Sefaletimizin resmini çekiyorlar."

Cemil mâni olunması gerektiğini söyler. Ama Âzem gerçeklerin farkındadır. Neye mâni olunması gerektiğini bilmektedir:

"Biz sefaletimize mâni olacağız. Bir gün gelecek bunlar bizim sefaletimizin resmini çekemeyecekler."

Dönüş yolunda suskun bir Cemil vardır. Sonsuz gibi görünen bir arazinin yanında dururlar. Cemil arabadan iner, yürümeye başlar. Sonsuzluğa ulaşmak ister gibi. Bir iç hesaplaşmasının doruğundadır artık. Yitirdiği güzellikleri bulmak ister gibi bağırır:

"Cemil… Cemil… Cemil…"

Sesi boşlukta yankılanır.

Âzem onu seyretmektedir.

"Neyi arıyorsun sen, kimi arıyorsun?"

"Kendimi, Cemil'i arıyorum."

"Sen kendini burada mı kaybettin ki burada arıyorsun?"

Kıyıkent yaklaşmıştır artık. Cemil gün almak için Âzem'e bakar. Âzem beklemektedir. Yine de Cemil'in yardım uman sesine ses vermeden yapamaz.

"Sen benim arkadaşımsın, bana yardım edeceksin. Mecbursun."

"Kimse kimseye yardım edemez Cemil. Ancak sen; yürekten inanıyorsan ve bu isteği gerçekleştirecek öz kalmışsa içinde, ki kalmamış görünüyor. Sana yardımcı olabilmem için sana güvenmem, inanmam gerekli. Nasıl inanabilirim, nasıl seninle olabilirim?"

Araba gittikçe Kıyıkent'e yaklaşıyor. Cemil daha da tedirgin. Birazdan evine, karısına kavuşacak. Ne olacak? Bunu Âzem de merak ediyor.

"Karımı bırakacağım. Kangren olmuş kolumu keseceğim."

"Sana inanmıyorum."

"Bırakacağım… Her şeye yeniden başlayacağım."

Cemil, Kadırga Yurdu'ndaki Cemil olacak ha. Âzem nasıl inanmak isterdi buna!

"Hiçbir şeye yeniden başlanmaz Cemil. Her şeye daha öncenin iyi kötü birikimi üzerinden dersler çıkartarak, aynı hatalara düşmeden devam edilir. Karını bırakman, bu pislikten sıyrılma savaşının ilk adımı olacak. Başarırsan beraberiz, yenilirsen yokuz ve arkadaş da değiliz artık. Anlaştık mı?"

Araba Kıyıkent'e iyice yaklaşmıştır.

"Anlaştık, istersen köye döneriz."

"Bırak bu şehirli romantizmini. Herkes şehre akmak isterken, sen ne yapacaksın köyde? Geriye dönüş yok. Hep ileriye..."

"Evet ileriye... başaracağız Âzem, başaracağız."

"İnanayım mı?"

Araba Kıyıkent'e girmek üzeredir. Boğulmak üzere olan bir insanın yardım istemesi gibi Cemil, Âzem'e elini uzatır.

"İnan."

Cemil'in yardım uman eli boşlukta kalır. Yardımsız, bir başına kurtulmalıdır içine düştüğü bataklıktan. Âzem kararlıdır.

"Sana inandıktan sonra elini sıkacağım."

Araba eve varır.

Biraz sonra evin balkonunda dört insan karşı karşıyadır. Yoğun bir gerginlik vardır havada. Her birinin bakışı bir soru sormakta, bu sorular havada asılıp kalmaktadır.

Melike, özlediği arkadaşının gelmesinden mutludur. Ama bir şeylerin yok olmakta olduğunu da hissetmektedir. Gene merakla bakmakta, beklemektedir.

Necibe, solgun yüzü, gösterişli vücuduyla, öylece Cemil'e bakmaktadır. Kızgındır. Düzenlerini bozan Âzem'e kızgındır. O anda öylesine çekicidir ki, Cemil duraklar. Âzem'e verdiği söz gerilere doğru gider. Karısına doğru yürür. Anlamsız, boş bir hayata doğru bir yürüyüştür bu. Ölümle eşdeğerli.

Âzem, kımıltısız durur. Cemil'in karısına doğru gidişine bakar. Elini uzatsa da bu gidişi durduramayacağının bilincindedir artık.

Cemil, yıkık, kaybetmiş bir halde karısına sarılır.

Yenmiştir Necibe. Onun simgelediği burjuva hayatının nimetleri yenmiştir Âzem'i ve onun taşıdığı değerleri.

Âzem için Kıyıkent hayatı bitmiştir. Cemil artık yoktur. Eşyalarını toplamaya başlar. Melike sessizce onu gözetlemektedir.

"Gidiyor musun?" diye sorar.

"Gidiyorum."

Âzem için, öz değerlerini koruyabilmiş bu gencecik kızı bırakmak zordur. Hisseder bunu. Ama gitmesi gerekmektedir. Sessiz, tıpkı küçük bir çocuk gibi içini çekerek ağlamaya başlamıştır Melike. Âzem'e cevabını bildiği bir soruyu sormadan edemez:

"Belki birbirimizi bir daha hiç görmeyeceğiz değil mi?"

"Belki."

"Tahmin ediyorum."

Bavulunu eline alır Âzem. Yola çıkmak zamanı gelmiştir.

"Allahaısmarladık Melike."

Kapıya gelmiştir Âzem. Bir kelime duyup irkilir.

"Arkadaş..."

Melike son kez böyle çağırmıştır onu. Ona doğru döner.

"Bir şey unutmadın mı? Bir eksiklik duymuyor musun?"

Melike usulcacık yaklaşır ona. Sarılır. Evet, bir şeyleri unutmuştur, eksiktir. Ama mümkünü yoktur.

Biri daha vardır Âzem'in evden çıkmasını bekleyen: Necibe. Âzem tam kapıdan çıkarken seslenir ona.

"Bir dakika."

Âzem şaşırır. Bu kadınla konuşacak hiçbir şeyi kalmamıştır. Onun varlığından bile tedirgin olmakta, sinirlenmektedir. Ama Necibe ona doğru yaklaşır. Elini kaldırır. O manikürlü, yumuşak, çalışmak nedir bilmeyen, işlevini yitirmiş el, ilk kez kullanılır. Tokat, Âzem'in yüzünde patlar.

Ardından kadınca bir intikamın sevinciyle yanan Necibe'nin sesi duyulur:

"Şimdi gidebilirsiniz."

Âzem, kapıdan çıkarken seslenir yalnızca:

"Bu tokadın hesabını bir gün mutlaka soracağız. Mutlaka... Mutlaka bir gün." Evde kalanlar onun gidişini seyrederler. Bir ölü sessizliği içinde. Melike kendisine yeni değerler, yeni duygular taşımış olan adamın ardından ağlamaktadır.

Âzem, Kıyıkent güneşi altında yolda ilerlerken birden bir silah sesi duyar gibi olur. Ses, Cemil'in evinin oradan gelmiştir. Dönüp bakar, kimse yoktur. Cemil'le yaptığı bir konuşmayı hatırlar. Silah üstüne yaptıkları bir konuşmayı:

"Güzel silah... Yalnız ne zaman, ne için kullanmak gerektiğini iyi bilmeli. Niye silah taşıyorsun?"

"Taşımıyorum. Bulunduruyorum. Belki bir gün gerekli olur diye."

"Kime karşı?"

"Bilinmez ki... Belki kendime karşı."

Âzem gülümser. Bir şeyler ölmüştür, ölecektir. Belki de gerçekten silah sesleri yoktur. Duyar gibi olduğu silah sesi hem ölümün hem doğacak yeni şeylerin habercisidir sanki. Kaçınılmaz bir son, bir bitiş. Eski günler üstüne kurulmuş, ortak değerleri kalmamış, ayakta kalması için çaba harcanın bir arkadaşlığın sonu. Cemil'in çürümüşlüğü ve sonu. Âzem bütün bunları düşünürken uzaktan, yolun başından Halil'in geldiğini görür. Halil sevinçle koşmaktadır. Yanına varınca elini uzatıp coşkuyla sıkar. Geleceğe dönük, uzun, çok uzun yaşayacak bir arkadaşlığın el sıkışmasıdır bu.

"Hoş geldin arkadaş. Bak kestirdim saçlarımı. Bu konuda sen haklısın."

Âzem, Halil'in saçlarına bakar. Değişen bir şeylerin simgesi gibi.

"Çok sevindim. İyi yapmışsın."

"Gidiyor musun?"

"Gidiyorum."

Âzem'in yüzü şimdi iyice aydınlanmıştır. Halil de bir şeylerin değiştiğini gördüğü için aydınlanmıştır. Yeni arkadaşlıklar, yeni değerler gelişeceği için aydınlanmıştır. Bu ölü kenti bırakıp yaşayacak bir yere doğru gideceği için aydınlanmıştır.

SENARYO

ARKADAŞ

YÖNETMEN .... : Yılmaz Güney
SENARYO............. : Yılmaz Güney
GÖRÜNTÜ YÖNETMENİ: Çetin Tunca
MÜZİK: .... : Şanar Yurdatapan – Atilla Özdemiroğlu
YAPIM .... : Güney Filmcilik San. ve Tic. A.Ş.
YAPIMCI .... : Suha Pelitözü
YAPIM YILI, SÜRE : 1974, 103 dakika. Renkli

OYUNCULAR

Yılmaz Güney ....: Âzem
Kerim Afşar ....: Cemil
Azra Balkan ....: Necibe
Melike Demirağ.............: Melike
Ahu Tuğbay ....: Ahu
Civan Canova ....: Halil
Semra Özdamar.............: Semra
Nizam Ergüden ....: Muhittin

ARKADAŞ

1. KIYIKENT Dış – Gün

Arka planda bisikletliler hareket halinde. İki küçük çocukla kız bisikletlilere yürür, bebek arabalı kız geçer. Çocuklar grup halinde koşarlar.

Beyaz araba hareket alır. Bisikletli kız arabaların arasından geçer.

Plaj (dışarıdan) genel olarak. Çocuklar yürür, iki bisikletli geçer.

(Motordan) kayak yapan çocuk ve yelkenli.

(Araba arkasından) plaj detayları.

(Büfeden) dondurma yiyen çocuk. Plaj büfesi, camdan arka kısım, iki kız kumda koşar.

Büfeden dondurma yiyen dört genç kız.

Plajda oturan bir aile.

Caddede araba ve geçenler.

Cadde kalabalık, karşılıklı bisikletli gruplar, arada köpekli kadın yürür.

Figürler yapan başka bir kayaklı çocuk aynı yerden çekildi.

Motor, Atila.

Voleybol oynayan çocuklar. (Gençler grup halinde.)

Aynı grup daha yakın ve top oynayan üç kız.

Denizde oynayan kızlar, çocuklar, yüzen çocuklar.

Arka plan, üç genç kız, önde Özdemir Bey arkadaşıyla konuşup bira içer.

Balon şişiren iki kız çocuk, dondurma dolduran satıcı, dondurma yiyen başı hasır şapkalı kız.

İki küçük kız karşılıklı balon şişirirler.

2. AÇIKTA BOT — Dış – Gün

Açıkta, kıyıdan oldukça uzakta bir bot. Botta üç genç vardır. İki erkek, bir kız. Erkeklerden biri, ağzında çiklet, elinde dürbün, bir yerleri izlemektedir. Geride bir kız ve bir delikanlı. Bira içen Cemil görünür.

Dürbün görüntüsü içinde Necibe bağırır. Şirin, ekmek getirir. Karı-koca kavgası... Cemil önünde duran Şirin'e tekme atar. Dürbünle Melike'yi yakalıyor.

Melike onlara doğru gelir, kavga ettiklerini görünce döner, balkonun direğine dayanır. Melike dayandığı sütundan koltuğa gider oturur. Kavga devam eder. Necibe kalkar gider.

3. CEMİL'İN EVİ İÇİ — İç – Gün

Ayna, Melike'nin yüzü.

Telefonun zil sesi, Melike'nin yüzüne düşer.

Melike telefona gider.

MELİKE – Kim dediniz? Âzem mi? Â'nın üstünde şapka mı var? Ne şapkası? Ha, şimdi anladım... Âzem!

Laternacı, garson geçer, piyangocu, Âzem etrafına bakar, kameraya doğru döner.

Garson Remzi elinde meze, Âzem'in masasına oturur.

ÂZEM – Eyvallah Remzi, sağ olasın!

REMZİ – Her şey tadını yitirdi Âzem'ciğim... Artık İstanbul eski İstanbul değil. Her şey bozuldu. Kokoreçler, biralar, karidesler, her şey bozuldu. Sen bilirsin bu işleri Âzem'ciğim. Söylesene niye bozuldu her şey?

Âzem, Remzi'ye bakarak,

ÂZEM – Niye bozuldu?

REMZİ – Sen söyle, bilirsin sen. Eskiden, çok eskiden gelirdiniz, bir arkadaşınız vardı, içince kavga ederdi hani. Onunla gelirdiniz. Mektepliydiniz o zamanlar. Müfettiş derdi o sana. Her şeyi teftiş ederdin sen. Lefter vardı, oraya gelirdiniz sık sık...

Âzem etrafa bakınırken Cemil'i görür. Cemil, aranarak ilerlemektedir kalabalık arasında.

ÂZEM – Hatırladın mı o arkadaşı?

REMZİ – Hatırlamaz olur muyum, dal gibi ince bir delikanlıydı.

ÂZEM – Bu mu Remzi?

Remzi ile Âzem bakar. Cemil, aranırken Âzem'i görür, sevinçle kapıya doğru hareket alır. Âzem ile Cemil birbirlerine sarılırlar. Remzi arkada onlara bakar.

ÂZEM – Biz de senin sözünü ediyorduk. Remzi seni anlatıyordu. Buyur otur...

Cemil oturur.

Remzi, oturan Cemil'in elini sıkar.

REMZİ – Merhaba beyim...

CEMİL – Merhaba...

ÂZEM – Nasılsın Cemil?

Cemil bir an etrafına bakınır, Âzem'e,

CEMİL – İnanır mısın, yedi yıldır gelmedim buraya.

ÂZEM – Ne içersin Cemil?

Âzem, gelen garsona "Bira" der;

CEMİL – Nasılsın Remzi?

REMZİ – Nasıl olsun beyim, ben ve pasaj birlikte eskiyoruz. Dayanamıyoruz. Her şey gibi biz de bozulduk. Bak etrafına, var mı eski güzellik. Yok. Ben size eski havalar çaldırayım Çakır Baba'ya...

Remzi kalkar.

Âzem, Cemil'in yüzüne bakıyor.

Cemil bakıyor.

Âzem bakıyor.

Cemil gülümsüyor, tedirgin oluyor.

ÂZEM – Yükün artmış Cemil, epey kilo almışsın. Remzi, dal gibi delikanlıydı diyor senin için.

CEMİ – Şimdi de dal gibiyim, ama kalın bir dal.

CEMİL – Sana bir şey söyleyeyim mi Âzem. Gelişine hem sevindim, hem de gizli bir endişe, bir tedirginlik duydum.

ÂZEM – Niye?

CEMİL – Bilmiyorum. Eskiden de öyle değil miydi? Sana karşı hep bir suçluluk duygusu taşırdım içimde. Yine öyle.

CEMİL – Eski günlerimiz için Âzem.

ÂZEM – Hayır, yarınlar için; yarının güzel günleri için…

CEMİL – Yarın…

ÂZEM – Evet, yarın…

CEMİL – Ne güzel şey insanın yarını olması. Benim için yarın hep karanlıktır Âzem. Ama senin için yarın, bugünlerden güzel demektir. Evet, senin yarının için.

Biraları tokuştururlar.

5. SULUKULE — İç – Gece

Darbuka, el,

Darbukacı, cümbüş, el

Cümbüşçü, kemancı

Kanun, el

Kanuncu

Klarnetçi, kızlar dans eder.

Nazlı ama şarkı söyler.

Kerim içer, kucağında kız.

('Tokmakla' şarkısı söylenir.)

Âzem, önde oynayan kızlar, Âzem'in tarafında kızlar şarkı söyler, kız dans eder. Sazcılar toplu olarak. Önlerinde oynayan kızlar, dans eden küçük kız. Cemil kızların yanına gelir, aralarında dans eder. Cemil dans ederken şarkı söyler.

CEMİL – Tokmakla, tokmakla...

Kızların ayakları...

6. RANDEVUEVİ İç – Gece

Özden yatağın üstünde hafif yan oturur, çantasında sigara arar, çıkarır, yakar. Âzem masaya dayanmış fıstık yer, sonra kıza bakar. Özden pantolonunu çıkarır, yatağın başına yan dayanır. Aslı sırtüstü yatmış güler, Cemil güler.

ASLI – Erkeklere karşı büyük bir zaafım var. Hoşuma giden bir erkek gördüm mü beraber olmak istiyorum. Tıfıl çocuklardan hiç hoşlanmam. Toy onlar... Olgun erkekleri tercih ederim her zaman. Esmer, bıyıklı erkekleri severim.

Özden yatağın başına dayanmış, bacakları yatağın üstünde şiir söyler.

ÖZDEN – Uykusuz gecelerin getirdiği çocuklar... Her zaman mavi değil bu gökyüzü bu deniz... Buruşmuş çarşafların üzerinde size acı bir dünya hazırlıyor anneniz... Kapanmış kapılardan geri dönüp çaresiz hayatın rüzgârında savrulur durursunuz, insanlığın kuruş kuruş, satıldığı bu devirde doğmayın ne olursunuz...

ÖZDEN – Nasıl, beğendin mi, benim şiirim bu. Adı, 'Doğmamış Çocuklara Türkü...'

Âzem şiir söyleyen kızı dinler. Özden yatağın ayakucunda sol koluna dayalı.

ÖZDEN – Çocukları çok seviyorum, ama onları bu dünyaya getirip acı çektirme hakkına sahip değiliz. Biz insanlar hayvanlardan beteriz. Kendi zevkimiz için onlara acı çektirmeye hakkımız yok. Bu şiirimi çok seviyorum. 3-4 yıl önce yazdım onu. Hürriyet Pazar ilavesinde çıktı, birinci oldu. Elli lira aldım. O elli lirayı hâlâ saklıyorum.

Cemil ve Aslı yan yana yatmış gülerler.

Cemil, yatan kızın ayağını gıdıklar.

Cemil, Aslı'ya bakar güler.

ÖZDEN – Yatmayacak mısın benimle?

ÂZEM – Hayır.

ÖZDEN – Para verdin ama.

ÂZEM – Önemli değil…

ÖZDEN – Niye? Niye? Niye?..

7. KORİDOR — İç – Gece

Cemil merdivenlerden iner. Âzem ona bakar.

ÂZEM – Yüzüne ne oldu?

CEMİL – Birden namusluluğu tuttu tırmaladı yüzümü manyak karı…

Sorarlarsa şoförlerle kavga ettik de, gerisini ben uydururum.

Başım dönüyor, içkiyi fazla kaçırdım galiba…

8. KIYIKENT'E GİRİŞ — İç – Dış – Gün

Araba içi…

ÂZEM – Cemil, ne yaptık bütün gece?

CEMİL – Eğlendik…

ÂZEM – Ben eğlenmedim, üzüldüm sadece.

CEMİL – Sen hep üzülürsün zaten. Eskiden de üzülürdün her şeye. Teftişin hep acıklı biterdi, yine öyle…

ÂZEM – Ya sen?

CEMİL – Ben mi? Sen beni hep hatalı bulursun zaten, her zaman böyle olmuştur. İçkime karışırdın, uykuma karışırdın, her şeyime karışırdın, hiç beğenmezdin beni. Oysa ben bütün yanlışlarıma rağmen kendimi ispatladım. Ne amaçladıysam hepsini kazandım. Bak, ben Kadırga Öğrenci Yurdu'ndaki, Tabiat Ana'daki Cemil değilim artık... Bugün servetim, şöhretim, her şeyim var. Ya sen ne yaptın şapkalı Âzem'im.

Sen ne yaptın onu söyle. Personel Kanunu'nun bilmem kaçıncı derecesini beklemekten başka. Senin aklına uysaydım ben de hâlâ Karayolları bilmem kaç no'lu inşaatında ömür törpüleyecektim.

ÂZEM – Mutlu musun? Memnun musun hayatından?

CEMİL – Memnunum tabii. Güzel bir işim, çok sevdiğim bir karım var. Hiçbir sıkıntım da yok.

ÂZEM – Hatırlar mısın, eskiden çok yalan söylerdin. Kendini aldatmakta da birinciydin. Yine yalan söylüyorsun Cemil.

CEMİL – Niye yalan söyleyeyim?

ÂZEM – Sen mutlu değilsin, sarhoşsun. Ayılınca konuşacağız seninle. Şimdi sen mutluluğu oyna kendi kendine, ama bana yutturmaya çalışma...

CEMİL – Haklısın, yine yalan söyledim sana. Mutlu değilim, hiç değilim.

Yol...

9. KIYIKENT'E GELİŞ **İç – Dış – Gün**

Araba yüksekten Kıyıkent'e gelir, bekçinin beklediği kapı önünde durur. Cemil arkaya dayanmış yatıyor. Cemil'in önce gözleri kapalı, sonra açıp esniyor, arkadaşına bakıyor. Üniformalı adam yürür, demiri kaldırır. Araba hareket eder.

CEMİL – İşte bizim mahalle…

Arabanın içinden sokak… Villa ve masadaki kedi… Bisikletli kızın gelişi…

Araba gelir, Cemil'in evi önünde durur. Melike arabanın gelişini izler.

10. YATAK ODASI — İç – Gün

Cemil kapıdan içeri girer, sarhoştur. Necibe uyumaktadır. Cemil hafifçe sallanarak yürür, orada duran bir iskemleye çöker, karısına bakar, sıkıntılı, bedbahttır. Cemil yatakta emekleyerek Necibe'ye sarılır, başını omzuna dayar.

NECİBE – Rahat bırak beni, uykum var.

CEMİL – Necibe… Sevgili…

NECİBE – Uykum var dedim.

CEMİL – Necibe…

NECİBE – Sözden anlamaz mısın sen, uykum var dedim.

Cemil onu yatıştırmaya çalışarak,

CEMİL – Tamam, tamam sevgili… Uyu, güzel güzel uyu… Kızma, kızma bana, seni çok seviyorum… Çok seviyorum sevgili…

11. MELİKE - ÂZEM KARŞILAŞMASI — Dış – Gün

Âzem bahçeden içeri girer, yürür. Melike cama dayanmış Âzem'e bakmaktadır. Âzem, bahçe masasında oturur, döner bakar. Melike kapıya doğru kayar, açık kapıdan,

MELİKE – Siz şapkalı… *(Kelimeyi bulamaz.)*

ÂZEM – Arkadaş…

MELİKE – Evet. Siz şapkalı arkadaşsınız. Peki şapkanız nerede?

ÂZEM – Âzem'in başında, yani 'Â'nın başında.

Melike balkondaki sütuna doğru yürürken,

MELİKE – Ama arabadan inerken çok ciddi görünüyordunuz. Korkuttunuz beni.

Sütuna dayanır.

ÂZEM – Arkadaş olarak öyle görünmem gerekiyordu. Görevimi yaparken ciddi olurum. Beni tanıyor musunuz?

Melike gülümseyerek,

MELİKE – Sahi, kimsiniz siz?

ÂZEM – Söyledim ya, arkadaş…

MELİKE – Kimin arkadaşı?

ÂZEM – Bazı insanların.

MELİKE – Ya benim?

ÂZEM – Sizin de.

Melike balkondan aşağı inip yürürken,

MELİKE – Öyleyse… Öyleyse adınız bundan sonra 'Arkadaş' olarak kalsın. Artık şapkalı arkadaşsınız benim için…

Elini uzatır. El sıkışırlar.

ÂZEM – Merhaba...

12. MELİKE - ÂZEM GEZMELERİ – SOKAK Dış – Gün

Âzem duvarda oturmuş, Melike bisikletin üstünde. İkisi de dondurma yerler.

MELİKE – Önce bu yolun iki yanındaki evler vardı. Sonra ben İsviçre'ye gittim. Cemil Abi yolladı, görgüm artsın diye. "Finishing School" diyorlar, biliyor musunuz?

ÂZEM – Hayır, bilmiyorum. Dönünce işe yaradı mı öğrendiklerin?

MELİKE – Bilmem ki; nedense bir durgunluk geldi üstüme buraya dönünce…

MELİKE – Mesela tenis oynardım eskiden her gün.

MELİKE – Şimdi canım istemiyor. Şu beyaz ev ne güzel değil mi? İspanyol evlerine benziyor.

ÂZEM – Bilmem ki, benziyor herhalde.

Uzaktan evi ve tenis kortunu görüyoruz.

13. MELİKE - ÂZEM GEZMELERİ – BASKETBOL SAHASI

Dış – Gün

MELİKE – Burada defile olmuştu geçenlerde. Şuraya çadırlar kurdular, soyunma odası yaptılar.

ÂZEM – Sen de çıktın mı defileye?

MELİKE – Evet, ama son anda karar verdim.

13. MELİKE - ÂZEM GEZMELERİ – DİSKOTEK

Dış – Gün

MELİKE – Burası diskoteğimiz. Müziği sevdiğim için buraya gelirim.

ÂZEM – Herkes ne için gelir?

MELİKE – Çoğunlukla bir mevsimlik aşklarını yaşamak için. Buraya büyükler pek gelmezler de…

ÂZEM – Büyükler karışmaz mı bu mevsimlik aşklara?

MELİKE – Hayır. Yalnız ciddi aşk olursa karışıyorlar.

ÂZEM – Nasıl?

MELİKE – Gülin'le Doğan'ın evlenmelerine karşı çıktı aileleri. Şimdi göremiyorlar birbirlerini.

15. MELİKE - ÂZEM GEZMELERİ – GAZİNO

İç – Dış – Gün

Gazinoya gelirler. Dışındadırlar.

MELİKE – Burası da gazino. Yemek yenir, kumar oynanır, balolar verilir, vb. vb…

ÂZEM – Sen gelir misin buraya?

MELİKE – Kapalı kısmında içim sıkılıyor. Erkekler şu tarafta, kadınlar bu tarafta hep kumar oynarlar.

ÂZEM – Başka ne yaparlar?

MELİKE – Dedikodu yaparlar. Bütün yaz birbirlerini çekiştirirler.

16. MELİKE - ÂZEM GEZMELERİ – SİNEMA

Dış – Gün

ÂZEM – Sen ne yapıyorsun bunların arasında?

MELİKE – Güneşleniyorum, denize giriyorum, kitap okuyorum.

ÂZEM – Neler okuyorsun? Hangi kitapları seviyorsun?

MELİKE – En çok korku kitaplarını seviyorum.

Korku filmlerini de seviyorum tabii.

ÂZEM – Bu filmleri seyrederken korkmuyor musun peki?

MELİKE – Hayır. Ben hiç korkmam.

17. AHU - ÂZEM KARŞILAŞMASI Dış – Gün

Melike ile Âzem yolda yürürken karşıdan Ahu ile Halil gelir. Yaklaşırlar. Melike ile Ahu selamlaşır, konuşurlar.

MELİKE – Merhaba Ahu.

AHU – Merhaba, nasılsın?

Yürürken Ahu, Âzem'e bakar, Âzem de ona bakar. Âzem, Melike'ye,

ÂZEM – Güzel kız.

Melike gülerek onlara bakar.

18. NECİBE - ÂZEM KARŞILAŞMASI Dış – Gün

Kırmızı arabanın sağ ön lastiği inmiş, Turgut, etrafında bisikletli çocuklar, tamirle uğraşır. Melike ile Âzem arabanın arkasından geçerler. Melike duvarda oturan Şirin'e,

MELİKE – Ne haber Şirin?

ŞİRİN – Arabanın lastiğini patlatmışlar yine.

Bahçeden girerken denize gitmekte olan Necibe ile karşılaşırlar.

NECİBE – Yine lastik patlatmışlar...

O tarafa bakarlar. Âzem arabanın tarafına bakar. Başını çevirerek Necibe'ye bakar.

MELİKE – Âzem, Cemil Abi'nin arkadaşı.

NECİBE – Hoş geldiniz...

Necibe onları bırakır ve gider. Melike sıkılarak arkasından bakar.

19. PLAJ — Dış – Gün

Plaj...

Necibe denizden çıkar, yürür.

Daniela, Erdoğan Bey yürürler. Ahu ayaktadır.

Necibe, Ahu'nun yanına gelir.

Coca-Cola içer.

Erdoğan Bey onların yanına gelir.

ERDOĞAN – Merhaba şekerim, Cemil nasıl?

NECİBE – Merhaba... Yine sarhoş geldi, yatıyor uyuyor.

ERDOĞAN – Zaten o sarhoşluktan başka bir şey bilmez.

Halil seyreder.

20. YATAK ODASI — İç – Gün

Cemil uyanıyor, yatağında doğruluyor, aşağıdan müzik sesi gelmektedir, müziği dinler bir an.

Melike salonda duygulu bir şekilde müzik dinlemektedir.

Şirin, kedisini sever.

Melike müzik dinlemeye devam eder.

Cemil odadan çıkar, tırabzana dayanır. Aşağı bakar, sonra yürür.

Melike bir an doğrulur, Cemil'in tarafına bakar, sonra başını tekrar dayar.

Cemil salona gelir, esneyerek Melike'ye bakar.

MELİKE – Günaydın...

CEMİL – Çok uyudum değil mi? Ablan nerde?

MELİKE – Hülya Ablalar'da konken oynuyor...

CEMİL – Şirin, bir bira ver. Âzem gitti mi?

MELİKE – Gitti. Sana bir not bıraktı.

Notu verir. Cemil alır, divana oturur.

MELİKE – Beni de götürür müsün?

Cemil anlamlı bakar. Melike hafifçe gülümseyerek başını çevirir.

21. TABİAT ANA Dış – Gün

Mangal.

Ağacın altına kurulmuş bir rakı sofrası.

Tabiat Ana, iki kızı, oğlu. Ermeni cümbüşçü cümbüş çalar.

(Düriye'nin Güğümleri Kalaylı.)

Âzem şiş yapar. Günay rakı verir Âzem'e, oturur. Tabiat Ana göbek atar. Âzem arkaya şiş verir.

Genel olarak oynarlar.

Semra karpuz keser, arkaya verir. Atlet fanilalı, tepsiyi ortaya koyar. Âzem'in sırtı dönüktür.

Tabiat Ana oynarken bir ara bakar.

Arkada çalıp oynayanlar. Semra soğan doğrarken bir ara araba sesine bakar.

Araba ile Cemil ve Melike gelir.

İnerler. Topluluk ayaktadır. Tabiat Ana öne yürür. Âzem yürür. Semra bir adım atar. Tabiat Ana, Cemil'e sarılır. Cemil, Tabiat Ana'ya sarılmışken,

TABİAT ANA – Cemil, benim hayırsız oğlum. Hani hiç unutmayacaktın Tabiat Ana'nı...

Cemil başını kaldırır, Semra'ya bakar.

CEMİL – Semra mı bu?

Semra bakar.

Cemil, Semra'nın elini sıkar.

CEMİL – Bu koca kız olmuş. Nasılsın kız?

Günay gelir.

GÜNAY – Hoş geldin Cemil Abi.

CEMİL – Bu da Günay mı?

GÜNAY – Eee, sen görmeyeli epey büyüdük. Buyur abi...

Âzem, Melike'nin elini sıkar.

ÂZEM – Seni Semra ile tanıştırayım. İşte bir arkadaş daha.

MELİKE – Merhaba!

ÂZEM – Bu da Tabiat Ana.

Cemil grupta bulunanların elini sıkar. Semra, Melike'yi

cümbüşçünün yanına oturur. Âzem aralarına diz çöker.

ÂZEM – Cemil çiğköfte yapalım, yer misin? Sen de yer misin?

MELİKE – Evet.

20. NECİBE TERZİDE — İç – Gün

Necibe beyaz tuvaletli, prova yapılıyor.

NECİBE – Mualla Hanım nerde, ne zaman dönecek?

TERZİ – Kumburgaz'da dinleniyor. Yoruldu bugünlerde.

NECİBE – Tuvaletimi ne zaman teslim edebilirsiniz?

TERZİ – Önümüzdeki perşembe veririz sanıyorum.

NECİBE – Umarım bir gecikme olmaz.

Necibe masanın etrafında dolaşır, telefonu açar.

NECİBE – Yusuf sen misin? Merhaba, ne yapıyorsun? Adresin...

Yusuf evini tarif eder.

NECİBE – Esentepe, Haberler Sok. No.3.

23. NECİBE KUAFÖRDE — İç – Gün

Necibe saçlarını şampuan yaptırır.

Necibe saçlarını sardırır.

Necibe makinede saçlarını kurutur.

Manikür yaptırır.

Pedikür yaptırır. Oya, pedikür yapar.

Remziye saçlarını boyatır...

Necibe ağda yaptırıyor, sağ ayak, çeşitli resimler.

Necibe makyaj yaptırıyor.

24. TABİAT ANA'NIN EVİ — İç – Gün

Boş oda...

Melike ile Âzem oda kapısında.

ÂZEM – İşte öğrencilik yıllarımızda Cemil ile paylaştığımız oda.

MELİKE – Siz nerde yatardınız?

ÂZEM – Bu köşede ben yatardım. Cemil bu pencerenin önünde düşünür, hep zengin olmayı hayal ederdi.

25. TABİAT ANA'NIN EVİ – ODA İç – Gün

Semra bakar.

Kitaplar…

Cemil'in yüzü.

CEMİL – Kimin bu kitaplar?

Kapıda Semra.

SEMRA – Benim…

CEMİL – Çok tehlikeli değil mi bunlar?

SEMRA – Evet, sizin için tehlikeli olabilir.

CEMİL – Niye bizim için?

SEMRA – Çünkü sen on yıl öncesinin Cemil Abi'si değilsin. Sen artık Cemil Bey'sin…

Cemil bakar, ses çıkarmaz.

26. YUSUF'UN EVİ İç – Gece

Televizyon ekranında Necibe.

Necibe, Yusuf, birbirlerine bakar.

Kahkahayla gülerler.

Yusuf uzanmış, Necibe sallanan koltukta, içki içerler. Yusuf bardaklara içki koyar.

Necibe yatakta perişan yatar.

Yusuf giyinmektedir.

27. CEMİL'İN EVİ İç – Gece

Cemil terasta oturmuş güler.

Melike, Cemil'e ve Âzem'e bakarak güler.

Âzem de gülmektedir. Şirin bu arada sofraya bir şeyler getirir.

ÂZEM – Suyla birlikte Muhittin'in tavrı da değişti.

CEMİL – Demek hıyarlarına çok düşkün ha... Bu Muhittin benim kardeşim olur. İki yaş küçüktür benden.

MELİKE – Niye böyle suyu 32 metreden buluyorlar? Orada çeşme, ırmak, göl yok mu?

ÂZEM – Yok.

28. SOKAK — İç – Dış – Gece

Necibe bir arabayla gelir.

29. CEMİL'İN EVİ — İç – Gece

Cemil gülerken ayağa kalkar.

Karısını görmüştür.

CEMİL – İşte benim muhteşem karım Âzem'ciğim.

NECİBE – Merhaba. Dün sabah tanışmıştık.

CEMİL – Âzem kardeşim bizde kalacak. Bir ay izinli. Dikkat et, Â'nın şapkası var.

30. YATAK ODASI — İç – Gece

Necibe ayna karşısında makyajını kremle siler, Cemil onun arkasından karşı tarafa geçerken.

NECİBE – Ne kadar düşüncesiz hareket ettiğinin farkında mısın?

CEMİL – Niye?

NECİBE – Ne işi var bu adamın evimizde? Burası otel mi, yoksa pansiyon mu?

CEMİL – Benim arkadaşım, en sevdiğim arkadaşım.

NECİBE – Genç bir kız var evde.

CEMİL – Sen Âzem'i tanımıyorsun.

NECİBE – Erkek değil mi?

CEMİL – Erkek, ama bildiğimiz erkeklerden değil.

NECİBE – Yok canım!

Cemil öfkeyle Necibe'ye bakar.

NECİBE – Demek bildiğimiz erkeklerden değilmiş ha!

31. ÂZEM'İN ODASI **İç – Gece**

Âzem bavulunu boşaltır.

32. MELİKE'NİN ODASI **İç – Gece**

Melike düşünür.

33. YOL **Dış – Gün**

Tanklar geçer, çöpçü bakar.

33. HALİL – ÇÖPÇÜ **Dış – Gün**

Halil çöpünü çıkarır, dönerken çöpçü ile konuşur.

İBRAHİM – Nasılsın Halil?

HALİL – İyiyim İbrahim Amca.

İBRAHİM – Anan nasıl?

HALİL – Anam iyidir.

İBRAHİM – Niye köye gelmiyorsun?

HALİL – Olmuyor, işler var bugünlerde. Gelemiyorum.

Kıyıkent uzanıyor. Resimler.

35. CEMİL'İN EVİ **İç – Gün**

Cemil tıraş olur.

Deodorant sürünür.

36. CEMİL'İN EVİ – SALON **İç – Gün**

CEMİL – (Ses)...Bak Âzem'ciğim. Sen silahtan anlarsın.

Âzem silaha bakar.

CEMİL – Nasıl? Beğendin mi?

ÂZEM – Güzel silah, yalnız ne zaman, ne için kullanmak gerektiğini iyi bilmeli. Niye silah taşıyorsun?

CEMİL – Taşımıyorum. Bulunduruyorum, belki bir gün gerekli olur diye.

ÂZEM – Kime karşı?

CEMİL – Bilinmez ki, belki kendime karşı.

Güler.

37. BÜFE **Dış – Gün**

Melike, Ahu.

Melike, Âzem'i görür.

Âzem büfede bira içer, Melike gelir.

Âzem elini sıkar onun,

MELİKE – Nasılsın arkadaş?

MELİKE – Siz niye denize girmiyorsunuz?

ÂZEM – Ben girmem denize, sadece bakarım.

MELİKE – Neye bakarsınız?

ÂZEM – Denize...

MELİKE – Nasıl?

ÂZEM – Böyle.

Âzem yavaş yavaş başını çevirerek denize bakar. Güler-ler.

MELİKE – Sahi niye girmiyorsunuz?

ÂZEM – Kızlardan utanıyorum. Sonra ben yüzme bilmiyorum.

MELİKE – Pek derin değil, baksanıza.

ÂZEM – Olsun, ben bir bardak suda bile boğulabilirim, bir kaşık suda bile.

MELİKE – Peki sizin orada deniz yok mu?

ÂZEM – Yok.

MELİKE – Göl?

ÂZEM – Yok.

MELİKE – Aaa... Ben denizsiz duramam. Peki siz nasıl duruyorsunuz?

ÂZEM – Böyle...

Âzem kollarını önünde kavuşturarak durur. Gülerler.

MELİKE – Peki ne yapıyorsunuz orada?

ÂZEM – Yol yapıyoruz. Karayolları'nda çalışıyorum ben.

Ahu gelir yanlarına.

AHU – Soğuk bir şeyler verir misin Apo?

APO – Bira ister misiniz?

AHU – Olabilir.

MELİKE – Ahu çok beğenmiş sizi, kim bu pırasa bıyıklı adam diyor.

ÂZEM – Âzem, pırasa bıyıklı Âzem.

AHU – Öyle demedim, şaka ediyor. Denize niye girmiyorsunuz?

MELİKE – Kızlardan utanıyormuş.

Gülerler.

38. LOKANTA Dış – Gün

Aile oturmuş yemek yer.

CEMİL – Balıklardan ne seversin Âzem'ciğim. Mercan, kırlangıç, tekir, dil, kılıç, şiş, iskina, ıstakoz.

ÂZEM – Ben balıkları unutmuşum. Hangisi olursa fark etmez.

CEMİL – Sana bir mercan yapsınlar. Siz çocuklar?

AHU – Ben dil ızgara istiyorum.

NECİBE – Ben et yemeği tercih ediyorum. Şiş var mı?

MELİKE – Mösyö, ben bir dil buğulaması.

CEMİL – Canım, dilin buğulaması olur mu! Izgara olur, tavası olur, iskina ye.

MELİKE – Peki, iskina.

CEMİL – Bir dil ızgara, bir iskina buğulama, bir mercan ızgara, bir şiş kebabı, bana da barbunya tava, tamam mı?

39. AHU - NECİBE KONUŞMASI İç – Gün

Âzem sandalın üstüne oturmuş Melike'ye doğru yürür. Melike'nin yanına gelir.

Konuşurlar. Melike iner, Âzem'le yürür.

Ahu onları gözleriyle takip ettikten sonra önüne döner.

Necibe sigara yakar.

AHU – Kim bu adam Necibe, nasıl bir adam?

NECİBE – Cemil'in arkadaşı. Değişik bir adam. Mühendis. Karayolları'nda çalışıyor.

AHU – Enteresan bir adam. Sizde ne kadar kalacak?

NECİBE – Belli değil. Niye bu kadar ilgileniyorsun?

AHU – Bilmem. Sordum işte.

Halil'in içki getirdiğini gören Ahu işaret eder, Necibe'nin yanına gelir, içkilerini alır, içer ve konuşurlar.

40. İNŞAAT — İç – Dış

İşçiler yemek yer.

Cemil, Âzem, mühendis Ahmet yukarı çıkarlar.

İşçiler gelenleri görüp toparlanırlar, ustabaşı onlara doğru yürür.

Cemil, Âzem gelirler. Ustabaşı gelir.

Ahmet binanın planını gösterir, konuşurlar. Âzem yürür, deniz tarafına gider.

Bakar.

Çeşitli detaylar. Balık tutanlar.

Cemil bir şeyler anlatır.

Detaylar.

41. CEMİL'İN İŞ YERİ — İç – Gün

Şema çizen kız, duvarda şemalar.

Kız başını kaldırıp bakar.

Cemil telefonla konuşur.

CEMİL – Ben şimdi geliyorum.

Âzem'in yanına gider.

CEMİL – Sen benimle geliyor musun?

ÂZEM – Ben Semra'yla buluşacağım.

CEMİL – Ne işin var senin bu çocuklarla yahu? Dikkat et sana bir zararları dokunmasın.

ÂZEM – Ne zararı?

CEMİL – Gençler günümüzde tehlikeli olmaya başladılar. Baksana Tabiat Ana'nın kızına. Daha dün el kadar çocukken bugün neler okuyor.

42. SEMRA - ÂZEM KONUŞMASI **İç – Gün**

Semra, Âzem, salonda sandviçlerini yer ve konuşurlar...

SEMRA – Cemil konusunda seninle aynı kanıyı paylaşmıyorum. Cemil çürümenin, yozlaşmanın en yoğun biçimini yaşıyor. Bence kurtuluşu mümkün değildir. Boşuna çaba harcıyorsun.

ÂZEM – Arkadaşım bu adam, onu o bataklığın içinde bırakmak içimden gelmiyor.

SEMRA – Bakalım onun için de bataklık mı orası? O yaşadığı hayattan memnundur. Sonra niye değişsin Cemil? Niçin değişsin?

SEMRA – Bence senin tavrın yanlıştır arkadaş. Adamı kendi haline bıraksan daha iyi edersin, çünkü bir adamı şartlarından soyutlayıp düşünemezsin. Onun şartları yaratmıştır bugün Cemil'i ve ancak şartlarının değişimiyle Cemil'in değişimi mümkündür...

Detaylar...

SEMRA – (Ses) Fakat senin anladığın gibi bir değişimi Cemil'den beklemek yanlış olur. Cemil kurtulmayacaktır. Sonra Cemil'le uğraşmak bizim işimiz de değildir.

Kimdir bugün Cemil? Sınıf değiştirmiş, bozulmuş, çürümüş bir adam.

SEMRA – Biraz gerçekçi ol, eski alışkanlıklarından kurtul, sınıf açısından bak olaylara.

ÂZEM – O da özünde bir köylü değil mi?

SEMRA – Şimdi değil. Biz kimlerle uğraşmamız gerektiğini iyi saptamazsak, yanılgı ve yenilgi bizim için kaçınılmaz olur.

SEMRA – (Ses) Biz her adamı doğru yola getiremeyiz arkadaş, elimizde değil bu.

ÂZEM – Melike için ne düşünüyorsun?

SEMRA – Güzel bir kız, ama o kadar. Dünyadan habersiz bir bülbül kuşu. Başka türlü de olamaz zaten. Olabilir mi?

43. MELİKE BEKLİYOR — Dış – Gün

Melike, sırtı denize dönük, sette oturmuş beklemektedir. Necibe gelir.

NECİBE – Ne bekliyorsun Melike?

MELİKE – Bir şey beklemiyorum, oturuyorum.

NECİBE – Bana kalırsa yanlış iş yapıyorsun.

MELİKE – Neymiş yanlış olan?

NECİBE – Âzem... Benden saklama, ben senin yerinde olsam.

MELİKE – Sen benim yerimde olamazsın abla. Çünkü ben on sekiz yaşındayım.

NECİBE – Ama adam kırk yaşında.

Melike kalkar, yürür. Necibe arkasından bakar. Melike gider.

44. CEMİL'İN EVİ — İç – Dış – Gün

Melike terasta kanepede oturmuş bekler.

Şirin, Necibe'ye içki getirir. Necibe, içkisini içerken Melike'ye bakar.

Melike, araba sesi duyar, bakar.

Necibe de bakar.

Cemil'le Âzem gelmişlerdir.

Melike ve Necibe onları karşılarlar.

Cemil, Necibe'ye,

CEMİL – Nasılsın benim muhteşem karım?

Karısına sarılır, yürür. Âzem, Melike'ye,

ÂZEM – Ne haber arkadaş, iyi misin?

MELİKE – İyiyim...

ÂZEM – Bak sana ne getirdim.

Melike kitaba bakar. Âzem ona bakar.

45. DİSKOTEK — Dış – Gece

Dans eden gençler.

Halil gelip bakar.

Ahu da dans edenler arasındadır.

Cemil ve Âzem diskoteğin yanından geçerler. Halil onlara bakar.

Cemil ve Âzem yürürler.

46. DİSKOTEK DÖNÜŞÜ — Dış – İç – Gece

Âzem gelir, elleri cepte. Melike Âzem'e bakar.

ÂZEM – Nasılsın arkadaşım? Uyumadın mı sen?

MELİKE – Şiirleri okudum. Bak ne kadar güzel.

Terk etmedi sevdan beni,
Aç kaldım, susuz kaldım,
Hayın, karanlıktı gece
Can garip, can suskun

Âzem yürür, Melike okumaya devam eder.

MELİKE –

Can paramparça...
Ve ellerim kelepçede
Tütünsüz, uykusuz kaldım,
Terk etmedi sevdan beni...

Âzem, Melike'ye yaklaşırken,

ÂZEM –

Haberin var mı taş duvar?
Demir kapı, kör pencere,
Yastığım, ranzam, zincirim,
Uğruna ölümlere gidip geldiğim,
Zulamdaki mahzun resim,
Haberin var mı?
Görüşmecim, yeşil soğan göndermiş,
Karanfil kokuyor cıgaram...
Dağlarına bahar gelmiş memleketimin...

Melike ayağa kalkar.

47. YATAK ODASI İç – Gece

Kapı sesi.

Cemil, Necibe, yataktadırlar.

NECİBE – Melike için ciddi endişeler duyuyorum.

CEMİL – Nasıl?

NECİBE – Bir genç kız olarak.

48. HALİL LASTİK PATLATIR Dış – Gece

Âzem terasa gelir, oturur. Halil geriden etrafına bakınarak gelir, arabaların önünde durur.

Âzem yavaş yavaş yükselerek bakar.

Halil bir arabaya bakar.

Koşarak arabanın arkasına geçer.

Lastik patlatır.

Âzem bakar.

Halil çöktüğü yerde doğrulur, gitmeye hazırlanırken Âzem'i görür.

Âzem ona bakar.

Halil durduğu yerden geri geri gider.

Âzem dönüp yürür.

Halil eski yerine gelir, bakar.

49. HALİL - ÂZEM KARŞILAŞMASI, BAHÇE VE PLAJ Dış – Gün

Plaj... Kumda oynayan çocukla kadın.

Biri erkek biri kız, kumda oynayan iki çocuk.

Âzem denize doğru son kayıkta oturmuş Halil'e bakar.

Halil bahçe sulama aletini anahtarla sıkıştırır, yere çömelmiştir.

Âzem ona bakar.

Halil demirle uğraşırken Âzem'i görür, ayağa kalkar.

Âzem ona bakar.

Halil, Âzem'e baka baka doğrulur ve eve doğru gider.

50. HALİL - ÂZEM KARŞILAŞMASININ DEVAMI, AHU'NUN EVİ — İç – Dış – Gün

Ahu sofrada kahvaltı etmektedir.

Halil içeri girer, yürürken,

AHU – Halil!

Halil ürkerek Ahu'ya bakar.

AHU – (Ses) Tuz getir…

Halil peki anlamında başını sallar gider.

Ahu yemeğe devam eder.

Halil mutfağa girer, aranır, bıçağı görür.

Bıçak.

El bıçağı alır.

Halil bıçağı beline sokar.

Halil tuzluğa bakarken alnındaki teri siler.

Halil tuzu getirir, masaya koyar, pencere kenarına gider.

Kumsalı görürüz. Âzem yoktur. İki kız yürür.

Halil bakınır.

Ahu çayını içerken Halil'e bakar.

AHU – Halil, neyin var senin?

HALİL – Yok bir şeyim.

AHU – Tedirgin görünüyorsun.

HALİL – Değilim.

51. HALİL - ÂZEM KARŞILAŞMASININ DEVAMI, SOKAK, YUPİ TAVUKÇUSU — Dış – Gün

Yupi tavukçusu gelir. Halil görür.

Satıcıdan iki tavuk alır. Dönerken Âzem'i görür. Birkaç adım atıp bakar.

Âzem kara tahtanın yanında duvarın üstüne oturmuş, tavuk alan Halil'e bakar.

Halil bakar.

ÂZEM – Konuşalım mı? İster misin?

HALİL – Ne konuşacağız?

ÂZEM – Buluruz bir şeyler.

Halil kabul eder.

HALİL – Konuşalım.

52. HALİL - ÂZEM KONUŞMASI — Dış – Gün

ÂZEM – Ne anlıyorsun cam kırmaktan, lastik patlatmaktan?

HALİL – Senden başka bilen var mı?

ÂZEM – Yok.

HALİL – Ben ortaokulu bitirdim, dört yıldır çalışıyorum. Geçen yıl hastalandım, ciğerlerimden, ağır iş yapamıyorum artık.

HALİL – Anam da orda çalışıyor bak! İşte o anam benim, o yaşlı kadın...

Âzem bakar, ihtiyar kadın.

HALİL – O çocuk evin küçük oğlu, Fransa'da okuyor.

Âzem bakar.

HALİL – Selimpaşa var az ötede, orda otururuz, evimiz var.

ÂZEM – Bak arkadaş...

HALİL – Arkadaş mı?

Âzem – Evet, arkadaş.

HALİL – İyi ama beyefendi...

ÂZEM – Beyefendi değil, arkadaş.

Melike gelir bisikletle.

53. HALİL - ÂZEM KONUŞMA Dış – Gün

HALİL – Tabii merhametli insanlar da var burada. Şu evin sahibi yaşlı bir kadın. Kedisini sünnet ettirdi geçenlerde. Bir kuşu vardı öldü, çok üzüldü, mevlüt okuttu kuşu için. Geçen yıl kermes yaptılar, yedi bin beş yüz lira toplandı, o parayla bizim Selimpaşa'nın fakir çocuklarına giyecek falan aldılar. Bu yıl da yapacaklar.

ÂZEM – Niye camları kırıyorsun Halil?

HALİL – Bilmiyorum, kin var içimde.

ÂZEM – Cam kırınca geçiyor mu?

HALİL – Bir hafta, on gün rahat ediyorum. Sonra yeniden doluyor içim, duramıyorum.

ÂZEM – Cam kırmakla, lastik patlatmakla hiçbir şey değişmez Halil. Bak, sen genç bir adamsın, önünde koca bir hayat var. İstersen hayatının akışını değiştirebilirsin.

HALİL – Nasıl?

ÂZEM – Niye saç uzatıyorsun Halil?

Halil düşünüyor.

54. AHU - ÂZEM YAKINLAŞMASI — Dış – Gün

Melike büfeye dayanmış Ahu ile yemek yiyen Âzem'e bakar.

Ahu ile Âzem bira içerler.

Melike üzgündür, önüne bakar.

Âzem ile Ahu konuşurlar.

Cemil kumar oynar.

Âzem ile Ahu kalkmaya karar vermişlerdir. Melike bakar, Ahu ile Âzem kalkıp yürürler. Melike onların gidişlerini takip eder. Ahu, Âzem'i kendi evine götürür.

Melike üzgün bakar.

55. AHU'NUN YATAK ODASI — İç – Gün

Ahu yatakta uzanmış.

Âzem yatağa uzanmış.

Detaylar... Bebek, ayakkabı, plak...

Bardaklara içki doldurulur.

Tokuştururlar.

Âzem içer, Ahu içer.

Merdivende oturmuşlar.

56. CEMİL'İN EVİ – BAHÇE | Dış – Gün

Cemil ve Necibe güneşleniyor.

Cemil, Melike'ye bakar.

Melike'nin suratı asık.

57. KIYI | Dış – Gün

Halil ve Âzem bir kayığın üstüne oturmuş konuşurlar.

ÂZEM – Sana kitap vereceğim Halil. İlk başta zor gelebilir. Anlamayabilirsin. Fakat bir gün mutlaka anlayacaksın. Çok okumalısın Halil, çok okumalısın.

Cemil ve Necibe plaj eşyalarını kuma bırakıp denize koşarlar,

Cemil denize dalar.

ÂZEM – Cemil'i nasıl tanırsın Halil?

58. KIYIKENT – GEÇİŞLER | Dış – Gün

Melike, Âzem'in Halil ve inşaat işçileriyle konuşmasını izler. Âzem, Halil ve iki işçiyle konuşur.

Sinemada dört hizmetçi, Halil ve Âzem konuşur.

Melike bakar.

Diskotekte Âzem ve Halil konuşur.

59. ÂZEM YÜRÜR | Dış – İç – Gece

Âzem sokakta yürür.

Hüseyin Bey, Şenol, Nur, terasta oturup konuşurlar...

Âzem yürür. Daniela, Erdoğan Bey'in önünden geçer.

Başka bir evin önünden geçerken balkonda oturan Firuzan Bey karısına,

FİRUZAN – Kim bu adam?

KADIN – Cemil'in arkadaşı.

Âzem yürür... Bir evin önüne gelir, içeriye bakar.

İçeride işçiler ve Halil saz çalmaktadırlar.

Âzem bakar.

Halil sazını çalarken başını kaldırır, onu görür.

HALİL – Vay arkadaş...

El sıkışırlar. Âzem'e yer gösterirler.

TOPLULUK – Merhaba...

Sigara verirler. Âzem sigara yakar.

MEHMET – Nasılsın abi?

ÂZEM – Sağ olasın Mehmet, iyiyim. Sen nasılsın? Bu saz senin mi?

Sazın sahibi Âzem'e güler...

Âzem sigarayı bırakır, sazı çalmaya başlar. Türkü söyler.

60. ÂZEM - MELİKE KONUŞMASI — Dış – Gün

MELİKE – Ne demek sınıf, emeğin kurtuluşu ne demek?

Âzem bakar.

MELİKE – Ha, ne demek?

ÂZEM – Nerden duydun?

MELİKE – Sen konuşuyordun o adamlarla. Buradakiler pek hoşnut değil senden.

Âzem'in yüzü..

MELİKE – Bu adam ne konuşur hizmetçilerle, işçilerle diyorlar.

ÂZEM – Sen ne diyorsun?

MELİKE – Ben mi, eee, ben merak ediyorum sadece.

ÂZEM – Neyi?

MELİKE – (Ses) Neler konuştuğunu?

ÂZEM – Dinlemişsin ya...

MELİKE – Ben üç beş kelime duydum, o kadar.

ÂZEM – Kaç yaşındasın Melike?

MELİKE – (Ses) On yedi.

ÂZEM – Bugüne kadar hiç para kazandın mı? Yani bir iş yapıp karşılığında para aldın mı?

MELİKE – Hayır.

ÂZEM – Çalışanların halinden çalışmayanlar anlamaz Melike.

61. BÜFE **Dış – Gün**

Ahu ve Necibe büfededirler.

Âzem ve Melike'ye bakarlar.

Cemil gelir yanlarına.

CEMİL – Seni görünce yüreğim zalim bir avcının pençesine düşmüş yavru bir kuş gibi çırpınıyor Ahu'cuğum, inanmıyorsan bak...

Ahu elini çekerek,

AHU – Öff... Amaan..

Yürür gider.

CEMİL – Nesi var bunun, niye bu kadar tatsız?

Necibe cevap vermez. Büfeciye,

NECİBE – Bir Coca-Cola verir misin?

Cemil, Ahu'nun gittiği tarafa bakar.

Âzem ve Melike'yi görür.

CEMİL – Ahu tehlikeli bölgeye girdi galiba.

NECİBE – Asıl tehlikeli bölgeye giren Melike.

CEMİL – Nasıl?

NECİBE – Öyle sanıyorum ki, Melike için iyi olmayacak. Bu adamdan korkuyorum ben.

CEMİL – Neden?

NECİBE – Bu adam için şey diyorlar.

CEMİL – Şeymiş...

Kendi aralarında konuşurlar...

NECİBE – Melike'yle ilişkileri hiç hoşuma gitmiyor. Sonra bu adam için iyi şeyler söylemiyorlar. Sen de biliyorsun. Evimizde kalması bile başımıza işler açabilirmiş.

CEMİL – Sen onun bunun sözüne ne bakıyorsun?

NECİBE – Bak Cemil, durup dururken başımızı niye derde sokalım! Gitsin evimizden. Arkadaşlığını gösterdin bunca zamandır, yetmez mi?

62. KUMAR **İç – Gün**

Cemil arkadaşlarıyla kumar oynar.

Arka masada Necibe kumar oynamaktadır. Necibe bir ara birine güler.

Firuzan bir ara bakar.

Âzem sokakta Halil ve bahçıvanlarla yürümektedir.

FİRUZAN – Kimdir bu senin arkadaşın Cemil?

CEMİL – Arkadaşımdan sana ne…

FİRUZAN – Merak ediyorum. İşçilerle, hizmetçilerle ne konuşuyor bu adam?

CEMİL – Niye, konuşulmaz mı işçilerle?

FİRUZAN – Konuşulur. Ama gördüğüm kadarıyla arkadaşın pek tekin değil.

CEMİL – Olabilir. Çünkü şapkası var.

63. BÜYÜK YEMEK — Dış – Gün

CEMİL – O zamanlar Karayolları'nda çalışıyoruz, yol yapıyoruz. Bitlis-Siirt arasında. Kadınsızım, bunalmışım. Uyku tutmuyor gözümü. Bir gün dayanamadım artık, işçilere dedim ki, çocuklar ilk otobüste taşları devirin, kapayın yolu. Kapasınlar ki otobüs dursun.

Ahu, selam.

Âzem, selam.

CEMİL – Bir otobüs göründü, devirdiler taşları, kapadılar yolu. Sıcak nasıl, dayanılır gibi değil. Otobüs durdu, arıyorum, bir kadın göreceğim, nasıl olursa olsun bir kadın. Bir topuk be, bir topuk, yok; bir parça baldır, yok…

SES – Zavallı Cemil ne acı günler yaşamış.

Gülerler.

CEMİL – Yüzler kapalı, fistanlar taa yerde. İnanın, hayal gücümü yitirmişim, nasıldır kadın, unutmuşum.

NECİBE – Siz Âzem Bey, seks problemlerinizi nasıl hallediyorsunuz?

Ahu, Âzem, bakışır.

Gülüşenler.

CEMİL – Bizim karı biraz fazla açık fikirlidir, kusura bakma.

ÂZEM – Ben o kadar açık fikirli değilim, sen kusura bakma.

ŞENOL – Çok şükür bugün her şey değişmiştir memleketimizde.

FİRUZAN – Türkiye bugün, dünyanın en zengin ülkelerinden biri haline gelmiştir. Bir tane yoksul köylü gösteremezsiniz. Ne şalvar ne bir şey. Çarık tarihe karışmıştır.

ŞENOL – Beyefendi çok doğru söylüyor. Bugün hangi köye giderseniz gidin, her evde radyo, televizyon, buzdolabı göreceksiniz. Halbuki malum bazı yazar çizer takımı köylüleri sefalet içinde gösterip duruyorlar. Kasıtları var efendim, kasıtları var..

HÜLYA – Yolsuz, okulsuz, sağlık ocaksız köy kalmamıştır.

FİRUZAN – İşçiler de öyle değil mi? Her gün gırtlağımıza çöküyorlar, zam zam diye... Ne yaparlar bu kadar parayı aklım almıyor. Doymak nedir bilmiyorlar inanın.

SES – İşleri güçleri nifak sokmak, ortalığı karıştırmaktır.

ŞENOL – Beyefendi, siz ne düşünüyorsunuz bu konuda?

ÂZEM – Beyefendi değil, Âzem.

ŞENOL – Ne?

ÂZEM – Â-zem... Â'nın üstünde şapka var.

HÜLYA – Neyin üstünde şapka varmış?

İLKNUR – Â'nın üstünde şapka varmış.

Ahu, Âzem, bakışır.

FİRUZAN – Âzem Bey, siz bizim işçilerle neler konuşuyorsunuz?

CEMİL – Çocuklar ben sizin yerinizde olsam Âzem'le tartışmaya girmem.

FİRUZAN – Neden?

MELİKE – Neden olacak, Â'nın şapkası var. Senin şapkan var mı?

Âzem, Melike'ye bakar...

Bir karı-koca geliyor, koca Necibe'yi öpüyor...

ERDOĞAN – Senin kocan herkesin karısını öpüyor. Ben de seni öpeyim. Oo, muhteşem Cemil. Sen nasılsın fıstık Ahu? Muhteşem karın çok güzel öpüyor Cemil'ciğim. İnan ki harika.

CEMİL – Bak, bak, propagandaya bak.

CEMİL – Karısı güzel olanlar karımı öpebilirler, ödeşmesi kolay olur çünkü. Baldızı güzel olanlar da baldızımı öpebilirler.

Âzem'e,

Karısı güzel olanlara karımı öptürüyorum... ben de onların karılarını öpüyorum. Nasıl, iyi mi?

Gülerler.

64. CEMİL'İN İŞYERİ – İNŞAAT   İç – Dış – Gün

Âzem pencere önünde inşaatın içinde durur. İşçilerle konuşarak Cemil gelir. Talimat verir. Âzem'in yanına gelirken,

ÂZEM – Bak arkadaş, senin tutum ve davranışların, aile ilişkilerin hiç iyi değil. Biz arkadaşsak açık konuşmak zorundayız. Evet. Durumun pek hoş değil Cemil. Arkadaşların bu işe medeni olmak diyorlar. Sen de açık fikirlilik diyorsun. Bana kalırsa medeni olmak değil, dejenere olmaktadır bu tavrın adı. Yozlaşmaktır. Ne demek karısı güzel olan karımı öpebilir, baldızı güzel olan baldızımı öpebilir. Yakışır mı hiç sana? Bir adam geliyor, karını öpüyor, sen de katıla katıla gülüyorsun. Bu ne biçim iştir, benim aklım ermiyor. Nerden geldin buraya sen Cemil? Eskiden beş yüz metreden yanındaki kadına baksalar sen bozulurdun. Hatırlıyor musun?

CEMİL – Arkadaşımdır Erdoğan, şakacıdır. Kötü bir niyeti yoktur.

ÂZEM – Her şakanın bir parça da ciddi yanı yok mudur?

Cemil bakar.

65. HALİL - NECİBE'Yİ GÖRÜR — Dış – Gün

Halil evden çıkar, bakar.

Necibe yürümektedir.

Koşarak karşıki bahçeye atlar.

Köşeden bakar. Necibe yürür.

Erdoğan Bey pencereden bakar, perdeyi çeker. Halil durduğu yerden bakar.

Necibe eve girer.

66. LOKANTA ÖNÜ — Dış – Gün

Halil ve Âzem oturmuş konuşmaktadırlar.

Necibe ve Erdoğan gülerler.

Âzem bakar.

Cemil kumar oynar.

ÂZEM – Emin misin?

HALİL – Gözlerimle gördüm.

Âzem, Cemil'e bakar, Necibe ile Erdoğan'a bakar.

67. CEMİL'İN BAHÇESİ — Dış – Gün

Âzem bahçede yerde oturur, Cemil'le Necibe'ye bakar.

Cemil'le Necibe masada bira içmektedirler.

Cemil'in arkası dönüktür.

Necibe, Âzem'e bakar.

Mütebessimdir.

Âzem bakar, sinirlenir.

Cemil farkında değildir.

Melike kapıdan çıkarken Âzem yerinden kalkıp hızla yürür, Cemil'i kolundan tutup kaldırır.

ÂZEM – Cemil, gel benimle.

CEMİL – Ne var?

ÂZEM – Gel benimle.

Cemil'i iter. Cemil şaşırır.

CEMİL – N'oluyor yahu?

Necibe şaşkın.

NECİBE – N'oluyor, ne var?

Âzem, Necibe'ye tokat atar.

Melike, şaşırmış, sahneyi seyreder.

Elindeki tepsiyi bırakır.

Bardak, şişe kırılır.

ÂZEM – Yalan söylemiyorum.

CEMİL – Yalan söylüyorsun.

Cemil, Âzem'e yumruk atar.

CEMİL – Yalan söylüyorsun, yalan söylüyorsun, yalan.

Yumruk.

ÂZEM – Yalan söylemiyorum.

CEMİL – Yalan söylüyorsun, yalan söylüyorsun, yalan, yalan.

Âzem başını kaldırır, Cemil'e bakar.

ÂZEM – Evet, sen bir pezevenksin…

Cemil, Âzem'e doğru yürür, yanına gelir, vurmaya başlar tekmeyle.

CEMİL – Yalan söylüyorsun, yalan söylüyorsun.

Arabaya gider dayanır.

Âzem yattığı yerden doğrulur, bakar.

Cemil arabaya dayanmış hıçkırmaktadır.

Âzem arkadaşına bakarak,

ÂZEM – Bak Cemil, beni dinle. Böyle vurmakla, bağırmakla ne yaptığını sanıyorsun? Ne değişiyor? Tut ki beni dövdün, öldürdün. Bu, karının seni aldattığı gerçeğini yok mu edecek?

Cemil arabaya kapanmış.

CEMİL – Nerden çıkartıyorsun bunları, bir kadının açık fikirli olması, çevresiyle samimi ilişkiler kurması kocasını aldatması mı demektir?

Âzem, yattığı yerden,

ÂZEM – Karın açık fikirli değil, açıktır, açık, yani herkese açık. Sizin evliliğiniz çürümüş Cemil, bitmiş. Sen karın için, karın da senin için eskimiş birer malsınız, anlıyor musun, mal.

CEMİL – Yanılıyorsun.

ÂZEM – Yanılmadığımı sen de biliyorsun. Kendini kandırmak için boşuna uğraşma.

ÂZEM – Cemil, biz arkadaşız Cemil! Bir arkadaş olarak içinde bulunduğun durum bana acı veriyor. Seni bu çirkefin içinde bırakmamalıyım.

Cemil ona dönüp bakar.

ÂZEM – Biz nerden geldik Cemil! Hangi sıkıntıların, hangi acıların süzgecinden geçtik. Bir düşün. Bunun için mi? Karın seni aldatsın diye mi çektin bunca acıları, sıkıntıları? Karın kangren olmuş bir kol. Bu kolu kesmezsen öleceksin. Seni köyüne götüreceğim şimdi, unuttuğun köyüne. Belki eski Cemil'i hatırlar, aradaki pisliği görür, kendine gelirsin.

69. KÖYE GİDİŞ — Dış – Gün

Araba son hızla çeşitli yollardan geçer. Benzinciye yaklaşır. Benzin istasyonuna girer, durur. Benzinci gelir. Âzem, Cemil, arabadan çıkarlar.

Benzinci benzin doldururken Cemil etrafına bakınır. İleriden gelen bir koyun sürüsünü görür.

Bir minibüs gelir.

Cemil sabit nazarlarla bakar.

Araba köy yolunda ilerler.

Köyün içine girer.

Arabanın etrafına çocuklar takılır, arabayla beraber koşmaya başlarlar.

70. KÖYE, EVE GELİŞ — Dış – Gün

Araba evin önüne gelir. Çocuklar koşar.

ÇOCUKLAR – Muhittin Ağa, Muhittin Ağa, araba geliyor.

Muhittin koşarak evden çıkar.

Arabaya gelir. Cemil arabadan çıkar, Muhittin'e sarılır.

MUHİTTİN – Hoş geldin Cemil Abi.

Ali, Âzem'e...

ALİ – Hoş geldin Âzem Abi.

Cemil, Muhittin'e sarılmışken kafasını kaldırır, evin önündeki çocuklara bakar.

CEMİL – Ağlama be Muhittin, geldik işte.

ALİ – Bu emmim mi?

ÂZEM – Emmin yavrum.

Muhittin, Âzem'e bakar.

Âzem ve Ali, Cemil'e bakarlar.

71. KURBAN KESİLİR — Dış – Gün

Kurban, kedi, tavuk ve çukurda pıhtılaşan kan.

72. KURBAN SONRASI — Dış – Gün

Muhittin bir parmak kan çalıyor Cemil'in alnına,

MUHİTTİN – Adağım vardı. Allah kısmet eder de gardaşımın ayağı düşerse köye, bir kurban keseceğim demiştim. Çok şükür bugüne. Beş seneyi geçti sen bizi unutalı. Yani demem o ki, zenginlik başladı, bizi unuttun. Âzem gardaş olmasaydı hatırlamazdın belki de. Hepten silerdin aklından.

CEMİL – Öyle deme, bilmiyorsun sen İstanbul'u, işleri...

MUHİTTİN – Bizim de işlerimiz çok, ama biz seni hiç unutmadık. Bu adam var ya bu adam, bu adam senin tek gardaşın, can yoldaşın; bu adamın kıymetini bil, bize yaptığı iyilikleri bir Allah bilir, bir de biz biliriz.

ÂZEM – Ne gereği var şimdi bunların Muhittin?

MUHİTTİN – İçim yanıyor, içim...

73. KÖY, GENEL — Dış – Gün

Yoksul köy evleri, çorak ve kurak toprak, köyün çevresi.

74. BAHÇE — Dış – Gün

Köy, bahçe...

Âzem, Cemil, Muhittin bahçede köylülerle oturmuşlar.

Ali ayran getirip ikram eder.

Alır ayranı içerler.

75. MEZARLIĞA GİDİŞ — Dış – Gün

MUHİTTİN – Önce babam, iki ay sonra da anamız öldü. Telgraf çektik sana.

CEMİL – İşim vardı, çok önemliydi, bırakamazdım...

MUHİTTİN – Anam çok istemişti seni, onun ısrarıyla telgraf

çektik sana. Görmek istiyordu. Gözleri açık gitti kadın.

76. MEZARLIK — Dış – Gün

Muhittin, Âzem, Cemil, iki mezarın başında. Âzem, Cemil'e bakar. Cemil, Muhittin'e, sonra Âzem'e bakar.

Âzem bakar, Cemil başını eğer.

Muhittin'in başı eğik...

77. MUHİTTİN'İN BAHÇESİ — Dış – Gün

MUHİTTİN – Gel, gel.

Cemil'i elinden tutup getirir,

MUHİTTİN – Bak, bir buraya bak, bir de buraya, hangisi güzel? Başlangıçta alay ettiler benimle. Sakız ek dediler. Ben yılmadım, ektim, suladım. Âzem gardaş en büyük yardımcın oldu. Bak, bak, her şeyimiz var şimdi. Domates, biber, karpuzumuz, kavunumuz var. Ağaçlar diktim, bizim köylüler diktiğim fidanları kesip değnek yaptılar. Köyün koca sakallıları engel olmaya çalıştılar, alay ettiler. Bu çorakta su bulunmaz dediler. Sen çılgın mısın dediler. Bunun üzerine kızdım, kestim sakalımı bıyığımı, erkeklik sakalla bıyıkla olmaz, çalışmayla olur dedim. Bak şimdi her şeyimiz var. Karpuzumuz, hıyarlarımız.

Yerde hıyar aramakta olan Ali'yi görür.

MUHİTTİN – Bırak len, bırak dokunma.

Ali ona bakar. Muhittin koşar, Ali kaçar.

MUHİTTİN – Bırak, bırak dokunma, ne emekle ektim ben onları. Çekirge, yeşillik düşmanı. Hayın bunlar, hayın. Ben ne emekler harcamış, ne terler dökmüşüm farkında değiller.

Tekrar yanlarına döner.

Rahat komuyorlar, çalıyor çocuklar. Çocuklardan geçtim koca herifler çalıyor geceleri, ama ben bekliyorum. Sopamı alıp, şu köşeye sinip bekliyorum...

Hıyarlara gider. Cemil hıyar arayan Muhittin'e bakar. Muhittin iki hıyar koparır, Cemil'e ve Âzem'e uzatır.

MUHİTTİN – Al, ye bak ne güzel.

CEMİL – Sağ ol, yemeyeyim.

MUHİTTİN – Yemiyon mu? Allah Allah, hıyar yenmez mi be, herkes buna can atıyor.

Âzem bakar.

78. MUHİTTİN'İN EV ÖNÜ — Dış – Gün

MUHİTTİN – Bir gün değirmenin önünde ip gibi akan ince bir su gördüm. Bir gün evin önünde bir ot gördüm. Dedim ki bizim de suyumuz olsa bizim de yeşilliğimiz olur. Her bir şeyimiz olur. İşte o günlerde geldi Âzem gardaş. Seni görmüş İstanbul'da, yedi bin lira vermişsin ona, düşündü, hiç merak etme, buluruz suyu dedi. Kafa kafaya verdik. Artezyencileri bulduk. Günlerce uğraştık. Millet toplandı başımıza, bize deli gözüyle bakıyor. Nihayet on günün sonunda bulduk suyu. Bir motor gerekliydi, fakat paramız yoktu. Âzem gardaş borç harç buldu parayı.

Muhittin motorun yanına inmiş, yukarıya konuşuyor.

MUHİTTİN – Bu da motorum. Otuz iki metreden buldum suyu. Canım istedi mi cennete çeviririm burayı, oluk oluk akar su, bak.

Motordan su akar.

MUHİTTİN – Bak, gördün mü suyu? İşte bak, burayı cennet yapan bu su işte.

Çocuklar suya koşarlar.

MUHİTTİN – Motordan ceryan da alırım. İstediğim zaman elektrik yakarım. Bu teli görüyon mu? Bu telden ceryan geçer eve. Bu köyde kimsede yok elektrik, ama benim var. Bir misafirim, bir kıymatlı kişi gelince yakarım. Gündüz gibi olur her yer.

79. MUHİTTİN'İN EVİ — Dış – Gün

Muhittin, Cemil, Âzem, yer sofrasında yemek yerler.

MUHİTTİN – Bu lambayı Aksaray'da bir dükkânda gördüm. Çok beğendim. Dediler eve konmaz bu, niye konmasın dedim, keyif benim değil mi? Nasıl demişim abi?

CEMİL – Çok iyi demişsin.

Âzem çocuklara bakar.

ÂZEM – Çocuklar da bizimle yese.

Sıdıka da çocuklarına bakar.

MUHİTTİN – Onlar sonra yer, sen keyfine bak. Âzem gardaş anlatsana sen şu İstanbul'u.

ÂZEM – Nesini anlatayım ki?

SIDIKA – Gelinimiz nasıldır? İnşallah iyidir.

Cemil bir an duraklar.

CEMİL – İyidir.

SIDIKA – Cenabı Allah bir de çocuk verseydi ne iyi olurdu.

MUHİTTİN – (Ses) Bak benimkilere. Beş tane de öldü. Allah can sağlığı verince çocuklar çok olur. Sen izine gidince ne düşündüm biliyor musun Âzem gardaş?

ÂZEM – Ne düşündün?

MUHİTTİN – Dedim ki bu sefer Âzem gardaş kendine münasip bir kız bulur, ama sen eli boş döndün.

ÂZEM – Bizim alınacak satılacak yanımız mı kalmış be Muhittin. Bu yaştan sonra hangi kız alır bizi? Kim çeker kahrımızı?

80. MUHİTTİN'İN YER DÖŞEĞİ — İç – Gün

Yataklar serilmiş, yatıyorlar.

CEMİL – Muhittin'in yerinde olmayı ne çok isterdim Âzem. Nasıl seviniyor, nasıl yapışmış hayata; bir avuç yeşillik, bir avuç su, küçük bir tarla nasıl mutlu ediyor onu. Oysa benim için hayatın tadı yok artık. Sen de öyle. Bir düşüncen, inandığın bir dava var. Benim inandığım bir şey kalmamış. Ben bitmişim.

ÂZEM – İnsan tükenmez Cemil. Yetinen insan tükenir yalnız, sen öyle yaptın, kazandıklarınla yetindin…

CEMİL – Yetinmedim, yoruldum.

ÂZEM – Amacın zengin olmaktı, oldun, ve senin için her şey bitti… o noktadan itibaren çürüme başladı sende.

CEMİL – Çürüme, evet çürüme… çürüdüm ben, ama kurtulacağım.

ÂZEM – Ya kurtulacaksın, ya da öleceksin Cemil. Şu halinde de yaşayan bir ölüsün zaten.

81. DİSKOTEK — Dış – İç – Gece

Melike dans edenlerin yanında müzik dinler. Melike büfe-

de, üzerine şiir düşer, Melike odasında, şiirin sonu. Melike rıhtımda yürür. Necibe onun yürüyüşünü takip eder. Melike sinema sahnesinin önünde.

82. KUMAR — İç – Gece

Şenol, Necibe, Erdoğan, iki kız, kumar oynarlar.

83. TARLA, KOYUNLAR — Dış – Gün

Âzem koyunların arasında yürür, çobanlarla kucaklaşır.

ÂZEM – Ne var ne yok ben görmeyeli?

Koyunların arasında çocuklar, kadınlar. Muhittin, Cemil bakarlar.

MUHİTTİN – Âzem gardaş havalinin bütün çobanlarını bilir. Hepsi de onu bilir, canları gibi de severler.

Cemil bakar. Âzem bakar. Cemil sürünün bir başından Âzem'in yanına gelir.

ÂZEM – Nasılsın Cemil?

CEMİL – İçimde bir şeylerin yıkıldığını seziyorum Âzem. Yer sarsılıyor sanki.

ÂZEM – Yer sarsılmıyor, sen sarsılıyorsun.

CEMİL – Ben, evet ben.

84. KÖY — Dış – Gün

Turistler resim çekerler. Âzem kuyu başında durur, Cemil ona doğru yürür. Âzem bakışlarıyla takip eder. Cemil bakar. Âzem bakar. Başlarını çevirirler.

CEMİL – Ne yapıyor bunlar?

ÂZEM – Sefaletimizin resmini çekiyorlar...

CEMİL – O kadar tarihi, güzel yerlerimiz varken burayı niye çekiyorlar? Mâni olalım.

ÂZEM – Biz sefaletimize mâni olacağız. Bir gün gelecek bunlar bizim sefaletimizin resmini çekemeyecekler.

85. CEMİL KENDİNİ ARIYOR Dış – Gün

Âzem arabaya dayanmış, Cemil sırtı dönük yürür. Âzem bakar, arabaya dayalı. Cemil arkası dönük durur. Âzem bakar. Cemil çevresine bakınır. Görüntüler... Cemil sırtını döner, yürür. Âzem, Cemil, Âzem, Cemil... Cemil etrafında dönerek bağırmaya başlar.

CEMİL – Cemil, Cemil, Cemil...

Âzem bakar.

Cemil bağırır.

CEMİL – Cemil...

Âzem, Cemil'e...

ÂZEM – Neyi arıyorsun sen, kimi arıyorsun?

Cemil, Âzem'e,

CEMİL – Kendimi, Cemil'i arıyorum.

ÂZEM – Sen kendini burada mı kaybettin ki burada arıyorsun?

Cemil cevap vermez.

86. ARABA İÇİ – KONYA DÖNÜŞÜ İç – Dış – Gün

CEMİL – Sen benim arkadaşımsın, bana yardım edeceksin, mecbursun.

ÂZEM – Sen kendini zor bulursun o pisliğin, o bataklığın

içinde. Savaş gücün de kalmamış üstelik, zayıf iradelisin.

CEMİL – Yardım et, göreceksin, bütün çıkmazlardan kurtulacağım.

ÂZEM – Kimse kimseye yardım edemez Cemil. Ancak sen; yürekten inanıyorsan ve bu isteğini gerçekleştirecek öz kalmışsa içinde, ki kalmamış görünüyor.

ÂZEM – Sana yardımcı olabilmem için sana güvenmem, inanmam gerekli. Nasıl inanabilirim, nasıl seninle olabilirim?

CEMİL – Karımı bırakacağım. Kangren olmuş kolumu keseceğim.

ÂZEM – Sana inanmıyorum.

CEMİL – Bırakacağım. Her şeye yeniden başlayacağım.

ÂZEM – Hiçbir şeye yeniden başlanmaz Cemil. Her şeye daha öncenin iyi kötü birikimi üzerinden dersler çıkartarak, aynı hatalara düşmeden devam edilir. Karını bırakman, bu pislikten sıyrılma savaşının ilk adımı olacak. Başarırsan beraberiz, yenilirsen yokuz ve arkadaş da değiliz artık, anlaştık mı?

CEMİL – Anlaştık, istersen köye döneriz.

ÂZEM – Bırak bu şehirli romantizmini. Herkes şehire akmak isterken, sen ne yapacaksın köyde? Geriye dönüş yok. Hep ileriye.

CEMİL – Evet, ileriye, başaracağız Âzem, başaracağız.

ÂZEM – İnanayım mı?

Elini uzatır.

CEMİL – İnan.

ÂZEM – Sana inandıktan sonra elini sıkacağım.

Cemil düşünür.

87. EVE DÖNÜŞ — İç – Dış – Gün

Melike plak seçerken durur, hafifçe başını kaldırır, doğrulur, döner. Âzem ile Cemil balkona gelmişlerdir. Âzem, Melike'ye bakar.

Necibe içeriden çıkar. Cemil, Necibe'ye, sonra Âzem'e bakar.

Âzem onlara bakar; Necibe, Cemil'e, Âzem'e bakar. Âzem tedirgin Cemil'e bakar. Cemil şaşkın Melike'ye ve karısına bakar.

Melike, Necibe'ye, sonra Âzem'e bakar. Necibe gülümser. Cemil kararsızdır. Âzem izler. Cemil yumuşamıştır. Melike bakar.

Âzem tedirgin ve korkmaya başlamıştır. Cemil, Necibe'ye doğru yürür. Karşı karşıyadırlar. Necibe, Cemil'e sarılır. Cemil şaşkın Âzem'e, Melike'ye bakar, sonra karısına sarılır.

88. ÂZEM'İN ODASI — İç – Gün

Melike kapıyı açar bakar, Âzem eşyalarını toplamaktadır.

MELİKE – Gidiyor musun?

Âzem ona bakmadan,

ÂZEM – Gidiyorum.

Melike bir an durur.

MELİKE – Belki bir daha birbirimizi hiç göremeyiz değil mi?

ÂZEM – Belki.

MELİKE – Tahmin ediyordum.

Âzem bavulunu kapatır, ona bakar. Giderken,

ÂZEM – Allahaısmarladık Melike.

Âzem yürür.

MELİKE – Arkadaş?

Âzem bakar.

MELİKE – Bir şey unutmadın mı, bir eksiklik duymuyor musun?

Âzem ona bakar.

Melike yaklaşır, Âzem'e sarılır.

89. SALON — İç – Gün

Necibe başını Cemil'in omzuna dayamış. Âzem'in ayak sesini duyar, bakar.

NECİBE – Bir dakika...

Âzem, elinde bavulu, döner, bakar. Necibe onun yanına gelir. Cemil merakla ne olacağına bakar. Necibe, Âzem'e tokat atar.

NECİBE – Şimdi gidebilirsiniz.

ÂZEM – Bu tokadın hesabını bir gün mutlaka soracağız, mutlaka. Mutlaka bir gün...

Kapıdan çıkar. Necibe, Cemil, onun gidişini seyrederler. Melike dönerek ağlar.

90. SOKAK — Dış – Gün

Âzem yolda yürür. Sokakta ilerler. Yürürken durur. Silah sesi, eve doğru bakar. Ev...

(Kafa sesi.)

CEMİL – Bak Âzem'ciğim. Sen silahtan anlarsın.

CEMİL – Nasıl? Beğendin mi?

ÂZEM – Güzel silah; yalnız ne zaman, ne için kullanmak gerektiğini iyi bilmeli. Niye silah taşıyorsun?

CEMİL – Taşımıyorum, bulunduruyorum, belki bir gün gerekli olur diye.

ÂZEM – Kime karşı?

CEMİL – Bilinmez ki... belki kendime karşı... Cemil, Cemil, Cemil...

Âzem heyecanla yürür. Halil koşarak karşıdan gelir.

HALİL – Hoş geldin arkadaş.

El sıkışırlar.

HALİL – Bak, kestirdim saçlarımı. Bu konuda sen haklısın...

ÂZEM – Çok sevindim, iyi yapmışsın.

HALİL – Gidiyor musun?

ÂZEM – Gidiyorum.

Âzem kolunu onun omzuna atar. Sıkılan el..

YILMAZ GÜNEY'LE KONUŞMA

–Onat Kutlar–

O. KUTLAR – *Yılmaz Güney,* "Arkadaş" *nedir?*

Y. GÜNEY – Hızla değişen bir toplum, bu değişim süreci içerisinde birtakım kavramların anlamlarını ve niteliklerini de değiştirir. Bir şey çökerken, tükenirken, öte yanda yeni bir şey doğar. *Arkadaş*, bir tükenişin ve yeşeren yeni şeylerin filmidir. Arkadaşlık bir yığın çelişkiyi ve uzlaşmayı içinde taşır. Bir uzlaşmazlığa varıldığında arkadaşlık biter. Fimimiz iki eski arkadaşın uzun bir dönem sonra bir araya gelmelerini ve kısa bir dönem içinde geliştirdikleri ilişkiler sonunda artık arkadaş olamayacaklarını hikâye eder. Bir arkadaşlık biterken, yeni bir arkadaşlık başlar. Bu, değişen şartların doğurduğu yeni bir arkadaşlıktır.

O. KUTLAR – "Arkadaş" *senin genel olarak tutukluluk günlerinde oluşturduğun düşünce ve anlayışı ne ölçüde yansıtıyor? Bütün düşüncelerini içeriyor mu? Yoksa kafandaki bütünün parçalarından biri mi?*

Y. GÜNEY – Bir film bizim ölçülerimize göre en çok bir saat 45 dakikadır. Bu kadarlık bir zaman içerisinde her şeyi anlatmanın olanağı yoktur. Fakat bizim dünyaya bakışımızı, olaylara yaklaşımımızı, insan ilişkilerini ele alışımızı, tam olarak anlatmasa bile sezdirtecektir. Bu film tutukluluk günlerinin ürünüdür ve orada oluşturduğumuz düşüncenin yansımalarını içerir.

O. KUTLAR – *Filmde klasik anlamda dramatik bir yapı yok. Daha çok izlenimlere dayanan bir anlatım biçimi kullanmışsın. Buna neden ihtiyaç duydun?*

Y. GÜNEY – İnsanlar genellikle yaşadıkları hayatla özdeşleşirler. En rahatsız edici, en acı şeylerle karşılaşsalar bile bir süre sonra genel özdeşleşme eğiliminden ötürü o durumla da özdeşleşirler. Ve rahatsız edici niteliği yok olur. Oysa gerçekte rahatsız edicilik vardır. Fakat bunu yaşayan artık fark edemez. Bir benzetmeyle bu durumu şöyle anlatabiliriz. Ayak, ter, osuruk, sıkıştırılmış hava kokan bir odaya ilk girişimizde odanın pis havasını hemen fark ederiz. Fakat bir süre sonra kokuya alışırız. Oysa hep içeride olan, bu havanın içinde olan, bu kokuyu fark etmez. Fark edebilmesi için, odadan temiz havaya çıkıp geri dönmesi gerekir. İnsanlar genellikle çevrelerine görmeden, gördükleri üzerine düşünmeden bakarlar. Biz bu filmde özdeşleşmeye karşı bir tavır koyuyoruz. Bu film, insanları bakıp görmeye ve gördükleri üzerinde düşünmeye çağırıyor. Filmin anlatıcı yapısı bu olguyla birlikte düşünülmelidir.

O. KUTLAR – *Filmde seyirciyle filmin anlattığı kişiler arasında adeta bilerek konmuş bir mesafe var. Bir çeşit Brecht yabancılaştırması. Filmin içinde de "Yılmaz Güney - Âzem" o Kıyıkent dünyasına yabancı. Bundan nasıl bir sonuç elde etmek istedin?*

Y. GÜNEY – Âzem'in konuk olduğu dünyada herkes birbirinin parçasıdır ve hayatla özdeşleşmiştir. Ayrıca bu özdeşleşme içinde kişilerin birbirine karşı yabancılığı söz konusudur. Âzem 'temiz hava'dan 'pis hava'ya konuk olduğu için her şeyin farkındadır. Ve Cemil'in dünyası bir süre sonra Âzem'in gelişiyle sarsıntı geçirir, parçalanır. Fakat özündeki itici gücün yokluğu, içeriğinin yetmezliğiyle yeni bir yere varamaz. O çürüme kaçınılmazdır, kurtuluş yoktur. Ancak, o çürümenin içinde kurtuluş umudu taşıyan, fakat ne olacağı bilinmeyen bir unsur vardır: Melike. Kişilerle seyirciler arasına konan mesafe şu amacı taşır: Onların gelişen ilişkileri içerisinde, onların mantık örgüsü içine girmeden izleyebilmesini sağlamak. Her film bir tuzaktır. Seyirciyi yutan, kendisiyle özdeşleştiren bir tuzak. Kişiler arasındaki yabancılık, seyirciyle film arasındaki yabancılığı koruyacaktır. Ve Âzem çevresine, çevresinde gelişen olaylara bakarken seyirciyi de kendisi gibi bakmaya götürecektir. Filmin amacı budur. Baktırmak ve baktığı şeyler üzerine düşündürtmek. Düşünmek, yapmanın anasıdır.

O. KUTLAR – *Âzem film boyunca düşünen bir kişi olarak çekti dikkatimizi. Ne düşünüyor genel olarak?*

Y. GÜNEY – Âzem düşünen, düşündüğü şeylerden etkilenen, müdahale eden ve değiştiren bir adamdır. Yani Âzem sadece düşünen adam değil, düşündüklerini yapan adamdır. Çünkü sadece düşünmek sorunları çözümlemeye yetmez. Düşünmeden de herhangi bir çözüm olamaz.

O. KUTLAR – *Cemil'in dünyası için filmde bir çözüm bulunmadığına göre, filmin getirdiği umut ve çözüm neredFor?*

Y. GÜNEY – Cemil için çözüm bulunmuştur. Cemil o çürümenin içinde yok olacaktır. Filmde Halil tipi bir umuttur. Bugün nasıl Âzem Cemil'i, yani kangren olan kolunu kesip atıyorsa, Halil'le Âzem arkadaşlığı da toplum olaylarına cevap veremez noktaya gelirse kopacaktır. Belki de kopartılan yan Âzem olacaktır. Halil'in saçını kesmesi ondaki nitelik değişiminin başlangıcıdır. Çünkü emperyalizm insanların bilinçlerini esir alırken bir yığın silahla hücuma geçer. Halkı geleneksel bağlarından koparır. Estetiğini bile değiştirir. Değer ölçülerini parçalar. Ahlâksızlık ahlâk olur. Namussuzluk namus olur. Kapitalizm kendi kurallarını oluştururken, emperyalist kültür onun en büyük desteğidir.

Eylül 1974

"Yılmaz Güney *Arkadaş*'ı Anlatıyor"

Cezaevinden çıktıktan sonra yaptığınız ilk film olan "Arkadaş" üstüne biraz bilgi verir misiniz? "Arkadaş"la, yapmak istediğiniz şeylerin neresinden başlamak istediniz?

Bugüne kadar Türk sinemasının belli bir mantığı vardı. Bu mantık, dramatik bir yapıyı gerektiriyordu. Bu yapıya göre, hikâyede birtakım tek yanlı insanlar vardı. Örneğin insanlar iyidir ya da kötüdü; kızlar vardır, sevilir; kızlar vardır, sadece kötülük yapar; mutlaka olumlu kahraman niteliğinde "star" bulunur vb. Yani kalıplaşmış klişe birtakım tipler. Oysa biz *Arkadaş*'a bakarken hayatın akışı içinde insanlar neyi yapıyorlarsa, onları kendi doğallığı içinde yansıtmaya, bu kalıplardan kurtulmaya çalıştık. Filmin konusu şöyledir: Üniversite dönemini beraber yaşamış ve birbirleriyle çok iyi anlaşmış iki mühendis arkadaşın yıllar sonra buluşması anlatılıyor. İnsanlar çoğunlukla eski arkadaşlarını hep eski ilişkiler içinde düşündükleri için hep aynı tadı duyacaklarını zannederler.

Oysa değişen ilişkiler, arkadaşlık ilişkilerinde de belli değişiklikleri getirir. Bizim filmimiz, uzun süre ayrı kaldıkları için dünyaya bakışta, olayları değerlendirişte farklı iki arkadaşı ve bu arkadaşlığın çözülüşünü anlatıyor. Bunu anlatırken de sadece iki arkadaşın sınırları içinde kalmayıp, onları yaşadıkları çevreyle olan ilişkileriyle birlikte ele alıyor.

Yedinci Sanat
Eylül 1974, Sayı: 18

"Dört Türk Yönetmeni İle Konuşmalar"

"Arkadaş" ***nedir?***

Hızla değişen bir toplum, bu değişim süreci içerisinde birtakım kavramların anlamlarını ve niteliklerini de değiştirir. Bir şey çökerken, tükenirken, öte yanda yeni bir şey doğar. *Arkadaş* bir tükenişin ve yeşeren yeni şeylerin filmidir. Arkadaşlık bir yığın çelişkiyi ve uzlaşmayı içinde taşır. Bir uzlaşmazlığa varıldığında arkadaşlık biter. Filmimiz, iki eski arkadaşın uzun bir dönem sonra bir araya gelmelerini ve kısa bir dönem içinde geliştirdikleri ilişkiler sonunda artık arkadaş olamayacaklarını hikâye eder. Bir arkadaşlık biterken, yeni bir arkadaşlık başlar. Bu, değişen şartların doğurduğu yeni bir arkadaşlıktır.

Sinematek / Eskişehir İTİA
Yayını – 1974

"*Arkadaş* Filminde Gerçeklik Duygusu"

Arkadaş 1974-75 sinema mevsiminde göreceğimiz yerli filmlerin en iyilerinden biri, belki de en iyisi... Yılmaz Güney, bu yapıtında, çağdaş Türk insanının duygu dünyasını olağandışı inceliklerle dile getiriyor.

Yılmaz Güney, yönetmenliğini yaptığı filmlerde, genellikle girdisi-çıktısı iyice kısılmış, usta ayrıntılarla zenginleştirilmiş olayları işliyordu. *Arkadaş*, ilk kez, bu anlayışın ilerisinde bir film. Her şeyden önce Güney'in yeni bir bakış açısını seziyoruz yapıtta: Günümüz Türkiye'sinin toplumsal panoramasını çizme çabası. *Arkadaş*'a ülkemizin karmaşık "zümreler" bütünü, çok çarpıcı, karşıtlıklardan yararlanan bir sinema dili ile anlatılıyor. Ayrıca Yılmaz Güney 'olay'ın, olayla edinilecek çekiciliklerin üstüne basmıyor. Bu, sinemamızda başka örneğini göremediğimiz bir girişimdir. (Türk sinemasının salt olaya, olayın da en gerçekdışına taşmış biçimine yaslanmış, bel bağlamış olduğunu hatırlarsak, yönetmeni ve getirmek istediği gerçeklik duygusunu kavrayabiliriz.) *Arkadaş* filminde hemen hemen hiç olay yoktur. Tersine, anılardan, duyarlıklardan, insan ilişkilerinin kendisel açılarından oluşur *Arkadaş*...

Film, üç ana kişiden (Âzem, Cemil, Melike) yola çıkarak günümüzün toplumsal koşullarını, "zümreler" arasındaki yönsemeleri, sonuçsuz duygusal bağları kurcalıyor. *Arkadaş*, iri iri sözler söylemeyen, şematik çözümlemelere girişmeyen bir ürünü Yılmaz Güney'in. Yer yer böyle bir tutkuya da rastlıyoruz (örnekse, Semra Özdamar'ın çizdiği "devrimci kız" tipi), ama bunu bir yanlışlık diye yorumlamak istemiyorum. Yönetmenin geçmişinde kalmış anlayışından, bakışından birtakım izler belki...

Cemil'in oluşumunu, kendisine ve kökenine ihanet etmesini, yapay bir ortamda "çirkin burjuvalar"la yaşamasını daha tavlayıcı bir tutumla çizebilirdi Yılmaz Güney. Pek çok yarı aydın bundan gönenecekti ola ki... *Arkadaş*, bu ucuzluğa gönül indirmemiş. "Çirkin burjuvalar", olduklarınca, bütün insani yanlarıyla belirlenmiş. Böylece iğrençlikleri büsbütün vurgulanıyor.

Üstelik aralarından biri, Melike, bu yoz ortamdan el yordamıyla, duygu yordamıyla kurtulmak istiyor. Âzem'le Melike'nin ayrılış sahnesi, bu kurtuluşun olanaksızlığını imliyor bir bakıma. Kişinin tek başına hiçbir şeyi değiştiremeyeceğini, değiştirmek istese de yenileceğini söylüyor. Melike o bataklıkta yitecektir. Âzem ise kızamık gibi, boğmaca gibi bir eski çocukluk hastalığından iyileşmiştir sanki: Artık Cemil yoktur. Cemil'le geçirilmiş günlerin anlamı silinmiştir. Âzem gülümser, yüzü aydınlanır, çocukluk hastalığı sona ermiştir...

Arkadaş'ta Yılmaz Güney'in iki ayrı sanat anlayışını yan yana görebiliriz: a) Kaba gerçeklik (Semra Özdamar'ın konuşmaları, Yılmaz Güney'in Cemil'e söylediği kimi sözler, Melike'nin aşırı arınmışlığı), b) Gerçeklik duygusuna dürüst yaklaşım (Melike'nin Âzem'e bağlılığı, Âzem'in bir türlü Cemil'den vazgeçmemesi, Cemil'in yaşama yeniden başlayabileceğini sanması, vb.). Ancak Yılmaz Güney, ürününde, gerçeklik duygusunu öne alıyor. Yapıtın çatısı bu anlayışın üstüne kurulmuş. Rahatlıkla söyleyebiliriz: *Arkadaş,* bu tutumuyla sinemamızın en dürüst çalışmalarından biridir.

Filmde olağanüstü ustalıklı bir oyuncu yönetiminden de söz etmeli. Gerçeklik duygusunu bunca sağlayan öğelerden biri de kişilerin sürekli yaşaması. Özellikle burjuva kadınlarını makyajlarından davranışlarına kadar gerçekçi biçimde işlemiş Yılmaz Güney. Bir Ahu, bir Azra kişilikleri, Yeşilçam kalıplarının adamakıllı ötesinde... Burjuva kadınları, varlıklı zümrenin insanları, sinemamızda ilk kez taslak olmaktan çıkarılmış, yaşarlık kazanmış. Yılmaz Güney'in inandırıcı, düşündürücü bir dirimselliğin ardında, dolaylarında gezindiğinin tanıtı *Arkadaş*...

Besleme kızların Roma'da, Paris'te cüneytarkınlarla, tarıkakanlarla evlenmesini ya da yoksul delikanlılara gönül veren namuslu milyoner hanımlarımızı konu edinmiş nice kepazelikten sonra, *Arkadaş*, özüyle, biçimiyle unutulmayacak bir yapıt. Gerek bol keseden konuşmaya pek düşkün yarı-aydınlarımızın, gerek "seyirci" anlamıyor, yoksa biz neler yapardık" diyen bezirgân yapımcıların, gerekse Yılmaz Güney'den bağırtılı-çağırtılı devrimci filmler bekleyenlerin *Arkadaş* ve Yılmaz Güney olayı üzerine soğukkanlılıkla, iyi niyetle, dostça düşünmesi özlenir. Bu, en azından Türk sineması için, batmakta olan Yeşilçam için gereklidir. *Arkadaş* iyi, dürüst, titiz çalışmaların eşiğindeki bir sanatçının ürünüdür.

Selim İleri
Cumhuriyet
6/10/1974

YILMAZ GÜNEY
ARKADAŞ
KERİM AFŞAR
MELİKE DEMİRAĞ
AZRA BALKAN
AHU TUĞBAY
CİVAN CANOVA
ve
SEMRA ÖZDAMAR
RENKLİ
reji ve senaryo
YILMAZ GÜNEY
KAMERA:
ÇETİN TUNCA